Dieter Glogowski

Franz Binder

TIBET

Flucht vom Dach der Welt

Fotos und Tagebuch einer Flucht

Dieter Glogowski

Alle begleitenden Texte

Franz Binder

TIBET

Flucht vom Dach der Welt

BUCHER

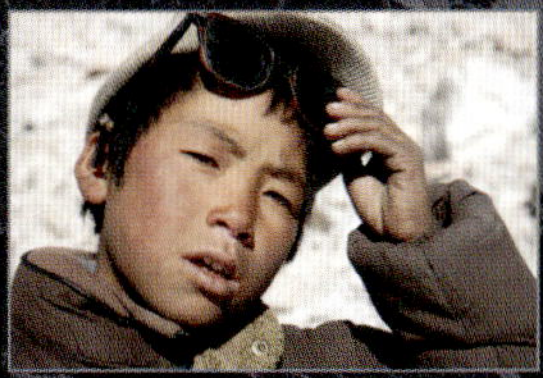

Gib niemals auf, egal, was passiert.
Gib niemals auf, entwickle dein Herz.
Zu viele Dinge in deinem Land entwickeln den
Verstand anstelle des Herzens.
Habe Mitgefühl, nicht nur mit deinen Freunden,
sondern mit jedem Wesen.
Habe Mitgefühl und arbeite für den Frieden.
Und ich sage noch mal, gib niemals auf.
Egal, was passiert, gib nicht auf.

Der 14. Dalai Lama

Jeden Tag läuft die kleine Bhumo die acht Kilometer lange Lingkhor-Khora entlang der alten Stadtgrenzen von Lhasa. Bei einer Khora umrunden Pilger ein Heiligtum im Uhrzeigersinn. Dabei werden den Göttern Opfergaben wie Butter und Tsampa dargeboten und Mantras rezitiert.
2/3

Seit Monaten ist Namgyal zu Fuß unterwegs zum heiligen Berg Kailash in West-Tibet. Wie fast alle Tibeter trägt er ein Dalai-Lama-Bild bei sich, ein Symbol der ungebrochenen Verehrung ihres Oberhaupts. 1989 wurde der Besitz dieser Bilder von der chinesischen Regierung unter Strafe gestellt.
4/5

Millionen von Umdrehungen mit der Mani Lhakhor, dem Gebetszylinder, vollziehen die Tibeter im Laufe ihres Lebens. Er wird durch ein Gewicht, meist eine kleine Metallkugel, in Bewegung gehalten. Wangmo jedoch hat ein rundes Messingamulett mit dem Mantra »Om mani padme hum« angebracht.
6/7

Bereits im Morgengrauen umwandern die Tibeter den Jokhang-Tempel in Lhasa. Der Duft von Wacholder, der in Räucheröfen verbrannt wird, liegt in der Luft. Im Jokhang befindet sich die heiligste Statue Tibets, der Jowo Rinpoche, die den Buddha Shakyamuni im Alter von zwölf Jahren zeigt.
8/9

Lhasas Kaufhäuser sind fest in chinesischen Händen. Jeden Morgen hat die Belegschaft zum Gymnastik-Drill anzutreten. Überwacht vom chinesischen Abteilungsleiter, sollen die Übungen den Gemeinschaftssinn fördern und die Gesundheit – und somit die Arbeitskraft – erhalten.
20/21

Inhalt

»Wenn der Eisenvogel fliegt und die Reitpferde auf Rädern rollen,
wird eine Macht aus dem Norden kommen,
unsere Religion zerstören und sich zum Herrscher der Welt erklären.
Dies wird die Zeit sein, in der der Mann aus dem Schneeland seine Heimat verlässt
und die Lehre Buddhas die Herzen der Menschen im Westen erreichen wird.«

Tibetische Weissagung aus dem 8. Jahrhundert

Vorwort

Im Oktober 2006 fand das Thema Tibet wieder einmal Resonanz in den Medien. Am Nangpa La, einem Himalayapass zwischen Tibet und Nepal, wurde eine 17-jährige tibetische Nonne von chinesischen Grenzsoldaten kaltblütig von hinten erschossen – laut chinesischer Verlautbarung »aus Notwehr«. Bergsteiger aus Europa hatten den Vorfall zufällig gefilmt und somit unanfechtbare Beweise geliefert. Der deutschen Presse war dies eine Meldung in der Rubrik »Vermischtes« wert. Immerhin. Denn gewöhnlich findet das Flüchtlingsdrama auf dem Dach der Welt gänzlich unter Ausschluss der Öffentlichkeit statt. Publikumsträchtigere Nachrichten haben die Schlagzeilen abonniert: islamistischer Terror, Nahostkonflikt und vieles mehr.

Dieses Buch greift das brandaktuelle, heute aber fast vergessene Thema der tibetischen Flüchtlinge erneut auf. Die am Nangpa La fotografierte Reportage vermittelt Bilder und Eindrücke, die den Leser hautnah an das tagtägliche Geschehen an der tibetisch-nepalischen Grenze heranführen. Doch sei hier ausdrücklich betont, dass die Details der in diesem Buch geschilderten Flucht, die Namen, Daten und Ereignisse, bewusst verschleiert wurden, um die betroffenen Tibeter und ihre Familienangehörigen nicht zu gefährden. Es wäre nicht das erste Mal, dass aus Gründen falsch verstandener Authentizität Tibeter im Gefängnis landen, weil sie westlichen Autoren, Fotografen oder Filmemachern gutgläubig zur Verfügung standen. Das Risiko eines westlichen Journalisten besteht darin, dass er ausgewiesen wird und vielleicht kein Visum für China mehr bekommt. Das Risiko der Tibeter hingegen heißt Gefängnis, Folter, Straflager. Dieser Preis ist zu hoch für ein bisschen »authentischen Kitzel«. In diesem Buch wird daher eine Geschichte erzählt, die beispielhaft ist für ein tibetisches Flüchtlingsschicksal. Die Fotos und Texte beschreiben jedoch eine Situation, die sich am Nangpa La stets aufs Neue wiederholt.

Warum schicken viele Tibeter heute noch ihre Kinder über schneeverwehte Himalayapässe nach Nepal und Indien? Warum sehen andere keine Chance für sich in Tibet, das doch längst Teil des »Wirtschaftswunderlandes« China wurde? Dieses Buch stellt solche Fragen vor dem geschichtlichen Hintergrund Tibets, aber auch aus aktueller Sicht. Denn vieles hat sich drastisch verändert, seit 1959 der Dalai Lama vor den chinesischen Besatzern nach Indien flüchtete und ein Sturm von Terror und Zerstörung über Tibet hereinbrach. Aus dem kommunistischen China, das sich unter Mao auf dem Niveau eines Dritte-Welt-Landes befand, in dem durch Misswirtschaft und Hungersnöte Millionen von Menschen starben, erwuchs eine moderne Wirtschafts-

macht, die von den Industrienationen umschmeichelt und die im Spiel der Weltmächte in absehbarer Zeit in die führende Rolle hineinwachsen wird. Auch ist China Atommacht, verfügt über Interkontinentalraketen und seine mit einem Mammutbudget ausgestattete Armee ist die größte der Welt. Eine solch rasante Entwicklung hat auch Auswirkungen auf das chinesisch besetzte Tibet. Selbst der Dalai Lama lobt den Aufbau wertvoller

Links: Der Dalai Lama, das Oberhaupt der Tibeter, wird immer noch hoch verehrt. Oben: Drei tibetische Flüchtlingskinder.

Infrastruktur durch die Chinesen. Auch die Grenzen des »Schneelandes« sind nicht mehr strikt abgeriegelt. Über den gleichen Pass, auf dem die Flüchtlinge ihr Leben riskieren, bewegen sich andere Tibeter völlig legal im »kleinen Grenzverkehr« zwischen Nepal und Tibet. Und es ist heute möglich, dass Exiltibeter, die über die nötigen Papiere und Visa verfügen, ihre Verwandten in der alten Heimat besuchen dürfen.

Das ist aber nur eine Seite der Medaille. Das ungebremste Wirtschaftswachstum im bevölkerungsreichsten Land der Erde bringt Umweltprobleme katastrophalen Ausmaßes mit sich: Heute zählt China neben den USA, Russland und Indien zu den größten globalen Umweltverschmutzern. In weiten Teilen des Landes – der inneren Mongolei, Sinkiang und Tibet – regt sich noch immer Widerstand gegen die als Besatzungsmacht empfundenen Han-Chinesen. Mit welch brutalen Mitteln China seine Herrschaft in diesen Gebieten durchsetzt, beweisen die blutigen Niederschlagungen von Volksaufständen in Tibet und Sinkiang. Das Blutbad vom Pekinger Tiananmen-Platz, als 1989 Panzer gegen demonstrierende Studenten rollten und 3600 Zivilisten ermordet wurden, zeigt zudem, dass auch im Kernland Chinas jeder Ruf nach Freiheit und Menschenrechten rigoros niedergewalzt wird. Und das Ausmaß von sozialem Gefälle beispielsweise zwischen einem »Global Player« in einem der futuristischen Bürotürme Shanghais und einem bitterarmen Bauern im Hinterland, der mit vorsintflutlichen Methoden sein Reisfeld bestellt, oder einem der 180 Millionen Wanderarbeiter, die sich für Hungerlöhne verdingen, ist in Europa gar nicht mehr vorstellbar – und wird auf Jahre hinaus für beträchtlichen sozialen Sprengstoff sorgen. Die Schere zwischen Arm und Reich klafft in der »sozialistischen Marktwirtschaft chinesischer Prägung«, wie Parteifunktionäre ihr ökonomisches Erfolgsmodell gerne nennen, immer weiter auseinander. Arbeitslosigkeit, Kriminalität, Prostitution, Betrug und Korruption sind »Abfallprodukte« des chinesischen Wirtschaftswunders. Und dann die Menschenrechte. Laut Amnesty International wurden in China im Jahr 2004 mindestens 3400 Menschen hingerichtet. In den berüchtigten Laogai, den chinesischen Straf- und Arbeitslagern, leiden Millionen von Menschen. Meinungsfreiheit? Pressefreiheit? Fehlanzeige. Selbst das Internet, heute schon für über 137 Millionen Chinesen das Fenster in den globalen Informationsaustausch, wird in China strengstens zensiert. Trotzdem darf sich China als Gastgeber der Olympischen Spiele 2008 der Welt präsentieren. Trotzdem gelangt eine wachsende Bevölkerungsschicht in den Wirtschaftsmetropolen zu Wohlstand, legt ungebremstes Konsumverhalten nach westlicher Art an den Tag und nutzt neue Freiheiten – der Strom chinesischer Touristen in Europa macht dies für jedermann augenscheinlich. Schon gibt es über 300 000 Dollarmillionäre in China und seit Beginn des Reformkurses durften 600 000 Chinesen im Ausland studieren. Chinesische Künstler wie der Pianist Lang

Lang avancierten zu internationalen Stars und haben Millionen ihrer Landsleute dazu veranlasst, klassischen westlichen Kulturwerten nachzueifern – noch vor Jahren völlig undenkbar. Man sieht – das moderne China ist ein in zahllosen Facetten schillernder Drache. Mit Schwarzweißmalerei aus den Zeiten des Kalten Krieges ist dem Reich der Mitte nicht mehr beizukommen. Auch in Tibet ist die Zeit nicht stehen geblieben. Längst

Links: Künstlerische Be- und Verarbeitung des Massakers am Tiananmen-Platz in Peking. Oben: Soldat vor einem Mao-Porträt.

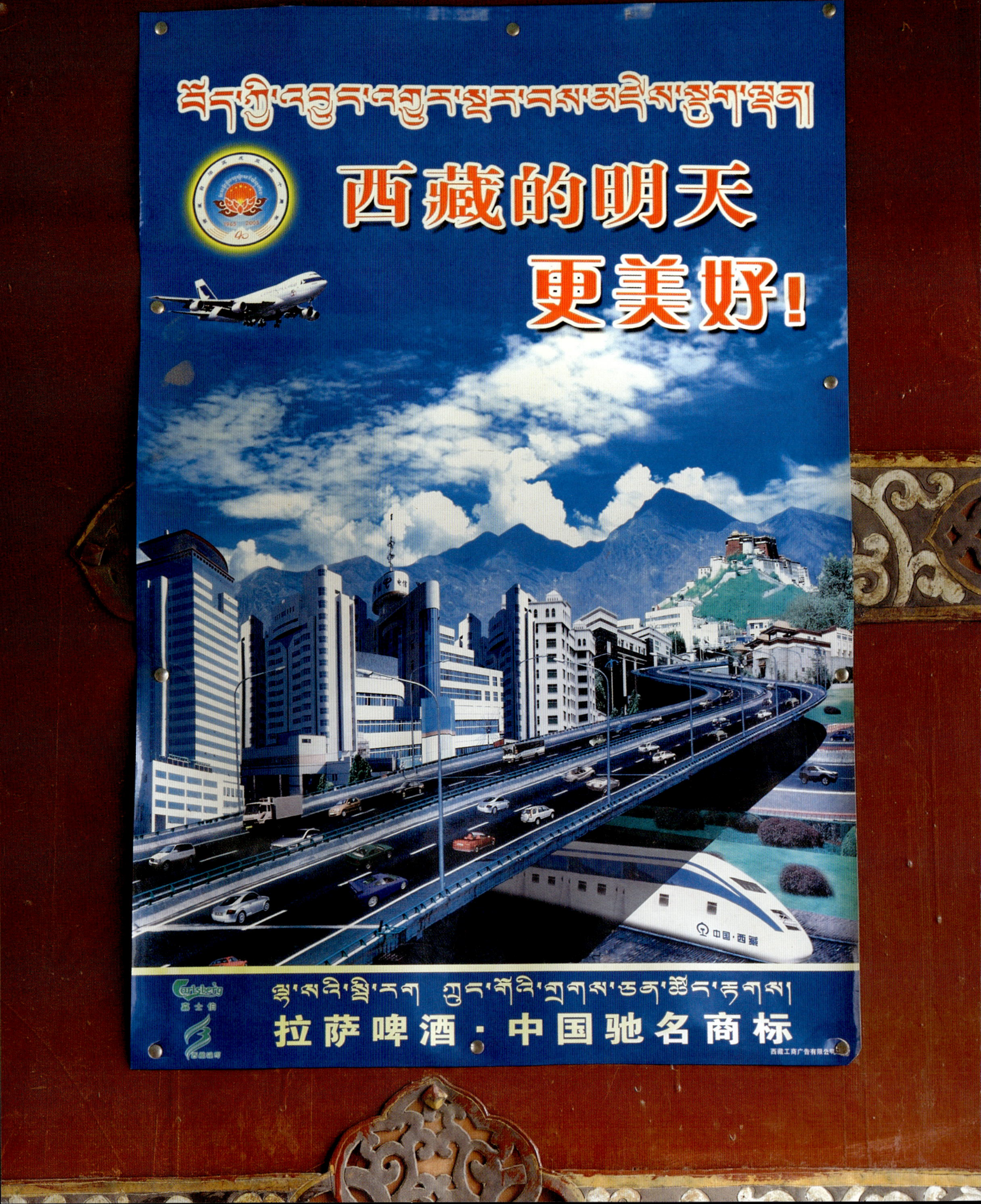

བོད་ཀྱི་འཆར་འགྱུར་སྔར་བས་མཛེས་སྡུག་ལྡན།
西藏的明天
更美好！
中国·西藏
Carlsberg
嘉士伯
ལྷ་སའི་སྦྱི་རག ཀྲུང་གོའི་གྲགས་ཅན་ཚོང་རྟགས།
拉萨啤酒·中国驰名商标
西藏工商广告有限公司

sind die Tibeter eine unterprivilegierte Minderheit im eigenen Land, ihre heilige Stadt Lhasa mutierte zu einem öden chinesischen Provinznest mit einigen historischen tibetischen Monumenten und folkloristischen Farbtupfern. Zugleich hat China erkannt, dass sich der romantisch-verklärte Blick, mit dem Europa so gerne den »Mythos Tibet« betrachtet, in Devisen umsetzen lässt. Zerstörte Klöster an den Touristenrouten wurden wieder aufgebaut und Reisenden aus aller Welt wird ein buddhistisches Disneyland vorgegaukelt, mit freundlichen Mönchen und Gebetsmühlen drehenden Pilgern. Für ein paar pittoreske Schnappschüsse ist das gut genug, die tibetische Wirklichkeit spiegelt es nicht wider. Längst haben die zu Wohlstand gekommenen Chinesen Tibet als Reiseland entdeckt – etwa 2,5 Millionen Touristen besuchten im Jahr 2006 Tibet, davon waren 90% Chinesen. Und diese Touristen kommen in dem Bewusstsein, dass sie in ihrem eigenen Land reisen, dass Tibet seit Jahrhunderten unveräußerlicher Bestandteil Chinas ist. Über die tatsächlichen historischen Zusammenhänge können sie sich in einem China mit strengster Zensur nicht objektiv informieren.

Doch beide Blickwinkel, der noch immer verbreitete westliche und der von der Parteipropaganda verordnete chinesische treffen die Tatsachen nicht. Weder gehörte Tibet jemals zu China, noch war es ein idyllisches Shangri-La paranormal begabter Mönche.

Zugleich geht hinter den Kulissen des modernen Tibets die Unterdrückung weiter. Jede freie Meinungsäußerung wird brutal unterbunden. Nonnen und Mönche werden verhaftet, gefoltert, zu absurden Strafen verurteilt, weil sie sich zum Dalai Lama bekennen oder Freiheit für Tibet fordern. Mönche werden genötigt, Schmähschriften gegen ihr religiöses Oberhaupt zu unterzeichnen und sich »patriotischen« Indoktrinierungssitzungen zu unterziehen. Der Panchen Lama, neben dem Dalai Lama der wichtigste wiedergeborene Lama Tibets, wurde samt seiner Familie von den chinesischen Behörden verschleppt und durch einen parteikonformen Kandidaten ersetzt. Die traditionelle klösterlich-tibetische Ausbildung ist nicht mehr möglich. Eben das veranlasst viele Tibeter, ihre Kinder außer Landes zu schmuggeln, um ihnen diese Ausbildung im Exil zu ermöglichen. Doch auch »Tibet in Indien« hat sich radikal verändert. Arbeitslosigkeit, Drogen und andere Erscheinungen moderner Zivilisation haben die Exilgemeinden längst erreicht. Nicht selten haben die in Indien aufgewachsenen jungen Tibeter kein Interesse mehr daran, nach Tibet zurückzukehren oder ihr Leben als Mönche zu verbringen. Stattdessen bemühen sie sich um Papiere für Europa oder Nordamerika, um endlich ihren Platz zu finden in einem westlichen Konsumparadies. Es ist oft bitter für die Mitarbeiter von Tibet-Hilfsorganisationen, zusehen zu müssen, wie ein über Jahre mit Spendengeldern hochgepäppeltes Flüchtlingskind nach Abschluss des Studiums nicht etwa als dringend benötigter Arzt, Krankenschwester oder Inge-

nieur den tibetischen Exilkommunen zur Verfügung steht, sondern mit kühlem Kalkül das karrieregünstigste Auswanderungsland wählt. Wer vermag zu sagen, wie viele Tibeter heutzutage die Flucht über den Himalaya nur aus dem Grund wagen, um ihr wirtschaftliches Glück zu suchen. Schließlich haben es ihnen ihre Landsleute, die ihre Heimat schon früher verlassen haben, vorgemacht. Viele Tibeter haben es im Exil dank

Links: Chinesische Zukunftsvision von Lhasa am Eingangstor von Kloster Samye. Oben: Chinesische Touristen in Lhasa.

ihrer Geschäftstüchtigkeit zu Wohlstand gebracht. Einige Exilklöster schwelgen auf Grund üppig fließender Spendengelder in verschwenderischem Ausstattungspomp, was selbst den Dalai Lama zu mahnenden Worten veranlasst und Spender im Westen zweifeln lässt, ob ihre Gelder wirklich den armen Flüchtlingen zugute kommen. Aber auch diese gibt es noch. Vor allem alte Tibeter im Exil leben bis heute in bescheidenen bis ärmlichen Verhältnissen und hängen ausschließlich von den paar Dollar ab, die ein westlicher Sponsor monatlich einer Hilfsorganisation überweist.

Für viele im Exil geborene Tibeter hat die Heimat ihrer Vorfahren hingegen kaum eine größere Bedeutung als für deutsche Jugendliche das Sudetenland oder Ostpreußen, das ihre Großeltern einst als Flüchtlinge oder Vertriebene verlassen mussten. Andere hingegen leben wie im alten Tibet eingebunden in Klostergemeinschaften und bewahren die kulturellen und religiösen Traditionen. Dann wieder gibt es Exiltibeter, die sich den Kampf für die Unabhängigkeit Tibets bis zum Tod auf die Fahne geschrieben haben und denen selbst der Dalai Lama mit seinen vorsichtigen Zugeständnissen an China viel zu weit geht. Zugleich hat sich der tibetische Buddhismus in westlichen Ländern rasant ausgebreitet. Tausende von Zentren wurden gegründet und viele angesehene Lamas sind beständig auf Reisen, um der steigenden Nachfrage nach buddhistischer Belehrung gerecht zu werden und bei der Gelegenheit auch Geld für ihre Klöster einzusammeln. Die tibetische Kultur und Religion, über Jahrhunderte auf den Hochebenen jenseits des Himalaya hermetisch abgeriegelt von der Welt, florieren heute vor allem in Europa und Amerika, während sie in Tibet von der Auslöschung bedroht sind. Während junge tibetische Mönche im Exil, darunter auch wiedergeborene Lamas, die Robe ablegen, um sich ins Abenteuer der mondänen Welt zu stürzen, sehnen sich immer mehr Menschen aus westlichen Industrienationen nach dem buddhistischen Weg des Rückzugs aus der »Welt flüchtiger Phänomene«. Gerade diese Sehnsucht nach Stille und Meditation wird aber gerne als exotischer Lifestyle-Trend kommerzialisiert. Auch Tibet wird noch immer als geheimnisumwittertes Shangri-La vermarktet. Schon veranstalten auch renommierte deutsche Museen, wie etwa die Villa Hügel in Essen und das Berliner Museum für Asiatische Kunst prachtvolle Ausstellungen tibetischer Kunst, ohne mit einem einzigen Wort darauf hinzuweisen, dass die kostbaren Exponate nur zufällig übrig gebliebene Reste eines beispiellosen Sturmes der Vernichtung sind, der für Jahrzehnte in Tibet wütete. Die Zeittafel im Katalog endet diskret im Jahr 1940, und der deutsche Bundespräsident Köhler übernimmt für dieses bewusste Verschweigen von schlimmstem Unrecht auch noch die Schirmherrschaft. Wagte er dies bei einer Ausstellung jüdischer Kunst, bei welcher Nationalsozialismus und Holocaust unerwähnt blieben, da es »nur um Kunst geht«, würde ihn die öffentliche Empörung – völlig zurecht – in schwerste politische Bedrängnis bringen. Im Falle Tibets lässt sich ein solcher Kotau vor den um Geschichtsfälschung bemühten chinesischen Leihgebern offenbar aber als diplomatisches Bestreben, »Türen zu öffnen«, elegant rechtfertigen, auch wenn an den ausgestellten Kunstwerken das Blut Hunderttausender Tibeter klebt. Schließlich will man es sich nicht mit dem Wirtschaftspartner China verderben.

Vor diesem komplexen, hier nur in wenigen Schlaglichtern angedeuteten Hintergrund muss man das Flüchtlingsdrama an der tibetisch-nepalischen Grenze betrachten. Mit dem Aufbau starrer Feindbilder oder bloßer Betroffenheit über einzelne Flüchtlingsschicksale ist es nicht getan. Um die heutige Situation diesseits und jenseits des Himalaya besser zu verstehen, ist es unumgänglich, einen Blick zu tun in die Geschichte des Schneelandes, vor allem in die seit Jahrhunderten ebenso besonderen wie schwierigen Beziehungen zwischen Tibet und China.

Franz Binder

Rechts: Welche Chancen hat die Kultur des tibetischen Buddhismus, auch in Zukunft zu überleben?

Buddha im Schneeland
Der Buddhismus in Tibet

Als die Lehre des Erhabenen zum ersten Mal Tibet erreichte, war der Buddhismus schon über tausend Jahre alt. Längst hatte er in den Reichen rings um das Dach der Welt Fuß gefasst und sich bis nach China und Japan ausgebreitet. Im Schneeland jedoch, abgeschieden hinter mächtigen Gebirgszügen, herrschten die Götter, Geister und Dämonen des Bön, der animistischen Urreligion Tibets. Die Mächte des Bön wehrten sich zunächst vehement gegen die neue Religion aus Indien und beeinflussten sie später, als der Buddhismus in Tibet Staatsreligion geworden war, in hohem Maße.

Unter König Songtsen Gampo, der im 7. Jahrhundert Tibet zu einem mächtigen Großreich vereinigte, gelangte der Buddhismus erstmals ins Schneeland. Songtsen Gampo hatte zwei buddhistische Prinzessinnen aus Nepal und China geheiratet, die buddhistische Schriften und hoch verehrte Kultbilder mit nach Tibet brachten. Auf Wunsch seiner Gemahlinnen nahm der König den Kampf gegen die dem Buddhismus feindlich gesonnenen Mächte auf. 108 Tempel soll er im gesamten tibetischen Kulturkreis errichtet haben, um die Sinmo-Dämonin, die über das Schneeland ausgestreckt lag und die Verbreitung des Buddhismus behinderte, zu zähmen und zu bannen. Am Herzen der Dämonin entstand das Nationalheiligtum Tibets, der Jokhang-Tempel in Lhasa. Der Kampf des Buddhismus gegen die Dämonen des alten Tibet hatte aber auch einen politischen Hintergrund. Songtsen Gampo und seine Nachfolger sahen ihre Zentralmacht durch das buddhistische Ideal des Dharmaraja, des »Religionskönigs«, der die Lehre des Erhabenen schützt und verbreitet, auch spirituell bestätigt, während die Fürsten Tibets, die sich oft nur gezwungenermaßen der Oberherrschaft eines Königs beugten, lieber an der althergebrachten Bön-Religion festhielten. Auch das Volk blieb den animistischen Vorstellungen und Ritualen des Bön treu. Mit dem Buddhismus erreichten wichtige Kulturgüter das Schneeland: Eine tibetische Schrift wurde entwickelt, ein Rechtskodex aufgestellt, Maß- und Gewichtseinheiten festgelegt, die Astrologie und ein früher tibetischer Kalender eingeführt.

In den Jahrhunderten, bevor die Lehre Buddhas Tibet berührte, hatte der Buddhismus bereits einschneidende Veränderungen erfahren. Schon bald nach dem Tod des historischen Buddha war es zu Aufspaltungen der buddhistischen Gemeinschaft gekommen. Um die Zeitenwende vollzog sich mit der Entstehung des Mahayana (großes Fahrzeug) eine tiefgreifende Teilung. Stand in den frühen Schulen des Buddhismus,

die später als Hinayana (kleines Fahrzeug) bezeichnet wurden, die geistige Befreiung des einzelnen Mönches im Mittelpunkt, so eröffnete Mahayana jedem die Möglichkeit, Erleuchtung zu erlangen, also nicht nur Mönchen, sondern auch Laienanhängern. Dies ließ den Buddhismus zu einer Volksreligion werden und förderte seine Verbreitung weit über Indien hinaus. Ideal

Links: Ein Mönch mit der Mandala-Darbringungsgeste. Oben: Rezitation während der Puja aus einem tibetischen Pecha-Text.

des Mahayana ist der Bodhisattva, der Erleuchtung nur anstrebt, um allen fühlenden Wesen auf ihrem Weg beizustehen. Dieser altruistische »Erleuchtungsgeist« (Bodhicitta) ist Kern des Mahayana-Buddhismus. Außerdem brachte Mahayana eine komplexe Philosophie hervor, in der die Leerheit aller Erscheinungen sowie die Vorstellung des historischen Buddha und aller anderen Buddhas von Vergangenheit und Zukunft als überweltliche Wesen mit vielfältigen Körpern eine zentrale Stellung einnehmen. Im Hinayana-Buddhismus hingegen gilt der Buddha nur als Mensch, der durch sein Beispiel zeigte, dass sich Befreiung aus dem Kreislauf von Tod und Wiedergeburt allein durch eigenes Bemühen auf dem achtfachen Pfad erreichen lässt.

Im 5. und 6. Jahrhundert wurden der Buddhismus wie auch der Hinduismus und der Jainismus von tantrischen Vorstellungen durchdrungen, in denen sich unter anderem Yoga, magische Praktiken und alte Naturkulte mischten. Diese esoterische Form des Buddhismus, Vajrayana (Diamant-Fahrzeug) genannt, wurde später zur vorherrschenden Schule in Tibet und den Himalayaländern. Alle Elemente des Buddhismus spielen im Vajrayana eine Rolle, von der Mönchsdisziplin und den Sutras des Hinayana über die Madhyamika-Philosophie des Mahayana bis hin zu yogischen, magischen und tantrischen Praktiken. Eine üppige Symbol- und Bilderwelt mit Mandalas, Buddhas, Bodhisattvas, tantrischen Gottheiten, Schutzgottheiten und ihren zahllosen Erscheinungsformen, Ausstrahlungen und Manifestationen hat sich im Vajrayana herausgebildet, zusammen mit einer komplexen Ritualpraxis, in der Mantras (Keimsilben), Mudras (rituelle Gesten) und andere Besonderheiten eine große Rolle spielen. Auch dem Guru kommt spezielle Bedeutung zu. Nur ein solcher Meister beherrscht die tantrischen Geheimlehren und Praktiken in Vollkommenheit und vermag sie auf authentische Weise durch Einweihungen und »Kraft«-Übertragungen an ausgewählte Schüler weiterzugeben.

Ein solcher Guru und Magier war Padmasambhava (der Lotosgeborene), der zusammen mit dem indischen Gelehrten Shantarakshita den Buddhismus erstmals dauerhaft im Schneeland verwurzelte. König Trisong Detsen hatte Padmasambhava im 8. Jahrhundert nach Tibet geholt, um den Widerstand der alten Gottheiten und Dämonen endgültig zu brechen. Padmasambhava, von den Tibetern liebevoll »Guru Rinpoche« (Kostbarer Lehrer) genannt, ist eine der schillerndsten Figuren der tibetischen Religionsgeschichte und genießt bis heute im gesamten tibetischen Kulturkreis höchste Verehrung. Zahlreiche Kultstätten und Legenden erinnern an sein Wirken in Tibet und den Himalayaländern. Guru Rinpoche, der nicht nur ein Meister

Padmasambhava verwurzelte den Buddhismus erstmals in Tibet

tantrischer Praktiken und magischer Rituale war, sondern auch ein profunder Kenner der Mahayana-Philosophie, unterwarf die Dämonenwelt des Bön und zwang sie in den Dienst des Buddhismus. Auch König Trisong Detsen wurde ein Schüler des Lotosgeborenen. Nun konnte in Tibet mit Samye das erste buddhistische Kloster entstehen, in dem die ersten Tibeter zu Mönchen ordiniert wurden. In Samye gründeten sich die Nyingmapa, die älteste Schule des tibetischen Buddhismus, die bis heute zu den vier Hauptorden des Vajrayana zählt. Hier fand Ende des 8. Jahrhunderts auch die berühmte Debatte zwischen Vertretern des tantrischen Mahayana-Buddhismus und Zen-Mönchen aus China statt, in der entschieden wurde, welche Form des Buddhismus in Tibet Staatsreligion werden sollte. Die Schule des Vajrayana setzte sich durch.

Doch schon bald wendete sich das Blatt für den Buddhismus in Tibet. 836 wurde König Ralpachen, ein großzügiger Förderer der Nyingmapa, von Anhängern des Bön ermordet, sein Bruder Langdarma, der dem Bön anhing, bestieg den Thron und begann mit der Verfolgung der Buddhisten. Samye wurde geplündert, Mönche ermordet, die gerade aus dem Sanskrit ins Tibetische übersetzten buddhistischen Schriften verbrannt. Sechs Jahre später fiel Langdarma dem Pfeil

Links: Der indische Magier Padmasambhava oder Guru Rinpoche etablierte im 8. Jahrhundert den Buddhismus in Tibet.

eines als Bön-Priester verkleideten buddhistischen Mönches zum Opfer. Dieses Attentat markierte zugleich das Ende des tibetischen Königtums. Das Großreich zerfiel in rivalisierende Fürstentümer, die Lehre des Buddha überlebte im Verborgenen, abgetrennt von ihren indischen Wurzeln und oft verfälscht und durchmischt mit den okkulten Praktiken des Bön.

Erst anderthalb Jahrhunderte später kam es zu einer Renaissance des Buddhismus im Schneeland, ausgehend vom westtibetischen Königreich Guge. Der »Große Übersetzer« Rinchen Sangpo wurde von seinem König dreimal nach Indien gesandt, um bei

Die endgültige Verbreitung des Buddhismus in Tibet

berühmten buddhistischen Lehrern zu studieren und Schriften ins Tibetische zu übersetzen. Schließlich kam 1042 Atisha, einer der größten buddhistischen Gelehrten seiner Zeit, nach Westtibet, um dort zu lehren und Bücher zu schreiben. Er wanderte bis nach Zentraltibet, wo nach seinem Tod der Orden der Kadampa begründet wurde, der das intensive Studium der Mahayana-Philosophie und strenge Mönchsdisziplin in den Mittelpunkt stellte, um sich von der stark mit Bön-Elementen durchmischten »alten« Schule der Nyingmapa abzusetzen. Das 11. und 12. Jahrhundert sah auch die Gründung anderer tibetisch-buddhistischer Schulen und zahlreicher Klöster im ganzen Land. Nun war der Buddhismus endgültig in Tibet verwurzelt, und selbst die Bön-Religion wurde nun von buddhistischen Lehren durchdrungen und reformiert. Doch die alten animistischen Vorstellungen des Bön beeinflussten wiederum auch den tibetischen Buddhismus. Vor allem in der buddhistischen Volksreligiosität blieben sie erhalten, manche Aspekte, etwa das Orakelwesen, spielten aber auch bis in höchste Mönchs- und Regierungskreise eine bedeutende Rolle. Selbst der gegenwärtige 14. Dalai Lama und seine Exilregierung versäumen nie, bei wichtigen Fragen das Staatsorakel zu Rate zu ziehen. Der tibetische Buddhismus brachte auch eigene Besonderheiten hervor, die nirgendwo sonst in der buddhistischen Welt vorkommen, beispielsweise das Tulku-System, jene Linien von Wiedergeburten hoher Äbte und Lehrer, oder den tantrischen Stufenweg mit seinen komplexen Einweihungen und Ritualen.

Die neu gegründeten Mönchsorden Tibets begannen bald um die Vorherrschaft im Schneeland zu rivalisieren, bis sich die Schule der Sakyapa erstmals mit einer starken Fremdmacht, den Mongolen, verbündete, um ihre Interessen durchzusetzen. Fortan war der Buddhismus nicht mehr zu trennen von der politischen Geschichte Tibets, die in einem anderen Kapitel dieses Buches umrissen wird. Die letzte bedeutende Ordensgründung wurde von dem 1357 geborenen »großen Reformator« Tsongkhapa vollzogen, der zunächst dem Orden der Kadampa angehörte, später aber seine eigene Schule der Gelugpa (die »Tugendhaften«) begründete, mit der die Kadampa schließlich verschmolzen. Tsongkhapa ging es um die Rückwendung zu den reinen Grundsätzen des Buddhismus, um eine Stärkung mönchischer Disziplin und Gelehrsamkeit. Unter den Dalai Lamas stiegen die Gelugpa zur politischen und religiösen Vorherrschaft über Tibet auf, die sie bis zur chinesischen Invasion im Jahr 1950 innehatten.

Neben einigen kleinen Schulen prägen bis heute vier Hauptschulen den tibetischen Buddhismus: die »alte«, von Padmasambhava begründete Schule der Nyingmapa, der Orden der Sakyapa mit drei Unterschulen, der Orden der Kagyüpa mit vier Hauptschulen und acht Unterschulen sowie der aus den Kadampa entstandene Orden der Gelugpa. Nach der chinesischen Invasion wanderten mit dem Strom tibetischer Flüchtlinge auch zahllose Mönche und Lamas dieser Orden und die über Jahrhunderte in der Verborgenheit des Schneelandes blühenden Lehren des Vajrayana-Buddhismus ins indische Exil. Von dort aus hat sich der tibetische Buddhismus über die ganze Welt verbreitet.

Links: Der Riesenchörten Kumbum in Gyantse ist eines der wenigen religiösen Gebäude, das die Kulturrevolution überlebt hat.

ལྔ་བཅུ་ང་དགུ་བར་གྱི་བོད་ཀྱི་ལོ་རྒྱུས

Tibet und China
Von den Anfängen bis 1959

Lhasa, 17. März 1959, abends

Butterlampen tauchen die Kapelle des Mahakala in flackerndes Dämmerlicht. Eine Gruppe von Mönchen rezitiert Gebete. Plötzlich öffnet sich die niedrige Tür. Tenzin Gyatso, der 14. Dalai Lama, betritt unerwartet den Raum. Die Köpfe der Mönche sinken tiefer in Ehrfurcht, doch sie unterbrechen ihr Gebet nicht. Der Dalai Lama geht zum Altar, neigt sein Haupt und legt ein weißes Seidentuch als Zeichen des Abschieds vor die Statue der Schutzgottheit, bevor er sich zurückzieht, um eine Zeitlang in stiller Andacht zu verweilen. Wenig später, wieder in seinen privaten Räumen, legt er sein Mönchsgewand ab und schlüpft in ungewohnte grobe Soldatenkleidung. Er tritt in seinen Gebetsraum, lässt sich auf dem Thronsitz nieder und öffnet eines der heiligen Bücher. Er liest die Sutra, in der Buddha einem Mönch rät, Mut und Zuversicht zu entwickeln. Die Stelle berührt ihn tief, muss er doch gerade in dieser Nacht solche Qualitäten innerer Stärke in sich selbst sammeln. Nach kurzer Meditation segnet er den Raum, löscht die Lichter und steigt hinab ins Erdgeschoss. Ein Soldat erwartet ihn an einer Pforte, die in den Garten führt. Tenzin Gyatso hängt sich ein Gewehr um die Schultern und tritt hinaus in die kühle Märznacht. In diesem Augenblick war der Dalai Lama, das geistliche und weltliche Oberhaupt Tibets, das »wunscherfüllende Juwel«, »die Gegenwart Buddhas«, »der kostbare Beschützer«, die Verkörperung des transzendenten Bodhisattva Avalokiteshvara, zu einem Flüchtling geworden.

Links: Mönche in der Puja. Oben: Mahakala ist der zornvolle und schützende Aspekt des Buddhas des Mitgefühls.

Ein Flüchtling war es vermutlich auch, der am Anfang der aus dem Dämmerlicht von Legenden hervortretenden Geschichte Tibets stand. »Er kam vom Himmel herab wie Regen, der die Erde befruchtet und ist der erste der Väter des Landes«, heißt es von Nyatri Tsenpo, dem »Nackenthronenden«, der im 2. Jahrhundert v. Chr. über hohe Himalaya-Pässe wanderte und auf die Frage, woher er komme, nach oben zeigte. Die Menschen hoben ihn auf ihre Schultern und machten ihn zu ihrem Herrscher, zum ersten der Yarlung-Könige, die Tibet zu seiner größten Macht führen sollten. Vermutlich war Nyatri Tsenpo ein entmachteter Herrscher oder ein adeliger Flüchtling aus den Reichen südlich des Himalaya. Dreißig Könige folgten ihm, doch erst mit Songtsen Gampo in der ersten Hälfte des 7. Jahrhunderts wird die Yarlung-Dynastie historisch fassbar. Schon sein Vater hatte Einfluss auf die Fürsten

Die tibetischen Könige waren die mächtigsten Herrscher Zentralasiens

Zentraltibets gewonnen und verschiedene Stämme an der Grenze Chinas unterworfen. Die chinesischen Nachbarn respektierten ihn als »Herr der hunderttausend Krieger«. Songtsen Gampo nun riss die Herrschaft über das gesamte Tibet an sich und machte China tributpflichtig. Wie sehr das Reich der Mitte die Truppen des erstmals vereinten Tibet fürchtete, die immer wieder zu Eroberungszügen nach China aufbrachen, beweist die Tatsache, dass es Songtsen Gampo eine chinesische Prinzessin als Gemahlin senden musste. Eine Königstochter aus Nepal war seine zweite Frau, denn auch die Nachbarn südlich des Himalaya wollten sich die mächtigen Tibeter zu Freunden machen. Diese beiden Frauen gaben den Anstoß zum Bau der ersten buddhistischen Tempel Tibets. Die Nachfolger Songtsen Gampos dehnten ihr Reich weit über das tibetische Hochplateau aus, bildeten Allianzen mit Turkvölkern, eroberten eine Reihe reicher Oasen an der Seidenstraße und griffen China an. Unter Trisong Detsen, der 755 den Thron bestieg, erlebte das tibetische Großreich seine weiteste Ausdehnung. Die Tibeter eroberten nicht nur fast die gesamte chinesische Provinz Kansu, sondern auch die chinesische Hauptstadt Changan, das heutige Xian, damals mit über einer Million Einwohnern die größte Stadt der Welt. Der Kaiser flüchtete, die Tibeter setzten einen ihnen genehmen Prinzen auf den Thron und verpflichteten das Reich der Mitte zur Weiterführung der Tributzahlungen. Ein Friedensvertrag mit China bestätigte Anfang des 9. Jahrhunderts das Territorium der tibetischen Nation und legte die Grenzen zwischen beiden Staaten fest. Tibet war zu dieser Zeit unangefochten die vorherrschende Militärmacht Zentralasiens.

Auch Schriften der chinesischen Tang-Dynastie bestätigen dies. Doch kurz darauf zerfiel das tibetische Reich in sich gegenseitig bekämpfende Regionen und Fürstentümer. Der Buddhismus, der unter Trisong Detsen in Tibet fest etabliert worden war, verschwand fast ganz aus dem Schneeland.

Um die Jahrtausendwende begann die zweite Verbreitung des Buddhismus, ausgehend vom westtibetischen Königreich Guge. Bedeutende buddhistische Gelehrte kamen nach Tibet, und im 11. und 12. Jahrhundert wurden verschiedene Schulen des tibetischen Buddhismus gegründet, die zum Teil noch heute bestehen. Zahlreiche Klöster entstanden, deren Äbte oft gleichberechtigt neben weltlichen Fürsten standen. Die politische und religiöse Macht in Tibet begann sich zu verbinden.

Anfang des 13. Jahrhunderts hatte sich eine neue militärische Macht in Zentralasien gesammelt, die das größte Weltreich der Menschheitsgeschichte errichten sollte: die Mongolen unter Dschingis Khan und seinen Nachfolgern. Tibet unterwarf sich kampflos. Göden, ein Enkel des großen Khan, drang später in Tibet ein, um ausstehende Tributzahlungen gewaltsam einzutreiben. Doch Göden bekundete zugleich Interesse am Buddhismus Tibets und lud Sakya Pandita, den Abt des Klosters Sakya, an seinen Hof. Die Sakyapas, eine der vier Haupt-

Links: Um den Geist zu reinigen, legen tibetische Pilger ihre Wegstrecke oft in Form von Niederwerfungen zurück.

schulen des tibetischen Buddhismus, waren die Ersten, die sich mit einer militärischen Fremdmacht verbündeten, um ihre Vorrangstellung in Tibet durchzusetzen. Als Kubilai Khan 1280 ganz China unterwarf und die mongolische Yüan-Dynastie begründete, die fast hundert Jahre lang das Reich der Mitte beherrschte, verlieh er seinem tibetischen Lehrer, dem Sakya-Lama Phagpa Lodrö den Titel »edler kaiserlicher Lehrer« und machte ihn zum Vizekönig und Herrscher über ganz Tibet. Doch wurde Tibet keineswegs an China angeschlossen. Vielmehr beruhte die Verbindung zwischen dem Mongolen auf dem chinesischen Kaiserthron und den Großlamas der Sakya-Schule auf dem System des Chöyön, der Allianz eines weltlichen Schutzherrn mit seinem geistlichen Lehrer. Das Chöyön sollte die tibetische Politik bis in die Neuzeit bestimmen und ist bei der Einschätzung der Beziehungen zwischen Tibet und China von entscheidender Bedeutung. Die Sakyapas nutzten ihre privilegierte Stellung, um sich gegen die anderen buddhistischen Schulen in Tibet durchzusetzen, nicht selten mit militärischer Gewalt. Noch bevor 1368 die Herrschaft der Mongolen in China endete, war auch Tibet wieder völlig unabhängig. Erst riss

Die Allianz von Schutzherr und geistlichem Lehrer prägte die gesamte tibetische Geschichte

der zentraltibetische Clan der Phagmo-Drupa die Macht an sich, verlor diese an die Rinpung-Fürsten, die schließlich von den Tsang-Königen abgelöst wurden. Der Sakya-Orden büßte seine führende Stellung ein. Die neuen Herrscher Tibets favorisierten die Schule der Karma-Kagyü, wiederum gemäß dem System des Chöyön. Sowohl den Mongolen als auch den Kaisern der chinesischen Ming-Dynastie blieb nichts anderes übrig, als die veränderten Machtverhältnisse in Tibet anzuerkennen. Politische Beziehungen Tibets mit den Ming-Kaisern gab es kaum; die chinesischen Herrscher suchten aber wie ihre mongolischen Vorgänger geistige Unterweisung bei tibetischen Lehrern, nun vor allem aus dem Orden der Kagyüpas.

Das Oberhaupt dieser Schule, der Karmapa, begründete eine Tradition, die Tibet bis zum heutigen Tag prägt und die weltweit ausschließlich auf den tibetischen Kulturkreis begrenzt ist: das Tulku-System. Zu Beginn des 13. Jahrhunderts gab der 2. Karmapa vor seinem Tod Hinweise auf die Umstände seiner Wiedergeburt. Gemäß diesen Andeutungen wurde ein Jahr später ein Kind als »Tulku«, als Wiedergeburt des Karmapa, aufgefunden und inthronisiert. Die anderen buddhistischen Schulen übernahmen diese Form der Nachfolgeregelung für Äbte und hochrangige Lamas. Im Lauf der Zeit entstanden weit über tausend solcher Reinkarnationslinien, von denen sich viele bis in die Gegenwart fortsetzen. Das Tulku-System vermeidet zwar die Nachteile einer biologischen Erbfolge oder einer Wahl des Nachfolgers, birgt allerdings eine Reihe anderer Gefahren, die bis heute immer wieder zu Problemen und Missbrauch führen – beispielsweise das Machtvakuum in der Periode, in der die Wiedergeburt aufgefunden und bis zur Volljährigkeit erzogen werden muss, oder Manipulationen und Einmischungen von Fremdmächten und verfeindeten Fraktionen innerhalb eines Ordens bei der Bestimmung der Wiedergeburt. Mit der Verschmelzung von weltlicher und geistlicher Macht über Tibet im Amt des Dalai Lama bekam das Tulku-System zudem eine starke politische Bedeutung. Denn auch die Nachfolge in der Linie der Dalai Lamas, die dem Orden der Gelugpas angehören, wurde auf diese Weise bestimmt.

Die Gelugpas, die »Tugendhaften«, waren erst Ende des 14. Jahrhunderts als letzte der großen buddhistischen Schulen Tibets entstanden. Ihr Gründer Tsongkhapa wandte sich gegen den Verfall der Mönchsregeln und die vermeintliche Verwässerung der buddhistischen Lehre in den anderen Orden. Auch die Gelugpas mischten sich in die Kämpfe der verschiedenen Orden und der sie unterstützenden Fürsten und Prinzen um die Vormachtstellung in Tibet. Es gelang ihnen, das Bündnis Tibets mit den Mongolen zu erneuern. Zwar war auch deren Zentralmacht in verschiedene rivalisierende Stämme zerfallen, doch rief der mongolische Herrscher Altan Khan Mitte des 16. Jahrhunderts den Großlama der Gelugpas, Sönam Gyatso, an seinen Hof, um den Buddhismus in der Mongolei neu zu beleben. Altan Khan verlieh seinem hoch verehrten Lehrer zum Dank den Ehrentitel »Dalai Lama«.

Posthum wurde dieser Titel auch den beiden Vorgängern von Sönam Gyatso verliehen, was ihn selbst folglich zum 3. Dalai Lama machte. Als Sönam Gyatso starb, mischten sich die Mongolen sofort in die Suche nach einem Nachfolger ein und bestimmten einen Urenkel von Altan Khan zum 4. Dalai Lama. Zugleich dehnte der Karma-Kagyü-Orden, schärfster Rivale der Gelugpas, unterstützt von den zentraltibetischen Tsang-Königen, seine Macht in Tibet aus und griff die Großklöster der Gelugpas an.

Erst der »Große Fünfte« Dalai Lama (1617–1682) konnte das Blatt endgültig zugunsten seines Ordens wenden. Auch er versicherte sich der Unterstützung eines mächtigen mongolischen Kriegsherrn: Gushri Khan besiegte den letzten Tsang-König und andere Feinde der Gelugpas und übergab dem 5. Dalai Lama die uneingeschränkte Macht über Tibet. Nachdem mit

Das erneut vereinte Tibet wurde von den Dalai Lamas regiert

mongolischer Hilfe auch das entlegene Westtibet erobert worden war, war Tibet erstmals seit der Königszeit wieder zu einem mächtigen Staat vereinigt, diesmal unter Herrschaft des Dalai Lama mit Lhasa als Hauptstadt und kulturellem Zentrum. Die Gelugpas setzten ihre neue Macht rigoros durch. Die alte tibetische Religion des Bön sowie andere buddhistische Schulen wurden verfolgt, Schriften verbrannt, Klöster zerstört, Mönche, die nicht zu den Gelugpas übertreten wollten, vertrieben. Erst später suchte der 5. Dalai Lama den Ausgleich mit den anderen Orden und studierte sogar deren Lehren. Zugleich wurden Landreformen zugunsten der Klöster durchgeführt, neue Regierungsstrukturen und ein Beamtenapparat aufgebaut sowie Gesetze eingeführt, die bis in die Neuzeit Gültigkeit besitzen sollten. Und auf dem »Roten Hügel« in Lhasa entstand der Potala-Palast, bis heute bekanntestes Wahrzeichen Tibets. Der 5. Dalai Lama unternahm einen Staatsbesuch in China, um gemäß alter Tradition den Wunsch des chinesischen Kaisers nach geistiger Belehrung zu erfüllen. Er wurde nicht nur als religiöser Lehrer, sondern auch als ebenbürtiges Staatsoberhaupt empfangen. In China war eine neue Dynastie von Fremdherrschern an die Macht gekommen – die mandschurische Qin-Dynastie, die das Reich der Mitte bis 1912 beherrschen sollte. Nicht das Geringste deutet darauf hin, dass die ersten Mandschu-Kaiser Tibet in irgendeiner Weise als von China abhängig betrachteten oder gar als Teil ihres Staatsgebietes. Tibet war eine eigenständige, mächtige Nation, die auch mit anderen Ländern Beziehungen unterhielt und dank ihrer mongolischen Schutzherren China nicht fürchten musste.

Der Tod des »Großen Fünften« Dalai Lama wurde 15 Jahre lang geheim gehalten, um ein Machtvakuum zu vermeiden und die Fertigstellung des Potala nicht zu gefährden. Diese Geheimhaltung verstimmte jedoch sowohl den mongolischen Schutzherrn Lhazang Khan als auch den chinesischen Kaiser, zumal sich der heimlich aufgefundene und erzogene 6. Dalai Lama, der schließlich inthronisiert wurde, durchaus nicht als tugendhafter Gelug-Mönch entpuppte, sondern seine Mönchsweihe verweigerte und sich lieber mit Bogenschießen, Dichten, Trinken und Liebschaften die Zeit vertrieb. Nun wurde Tibet zum Spielball fremder Mächte. Lhazang Khan führte ein Heer nach Lhasa, setzte den »unwürdigen« Dalai Lama ab und inthronisierte einen eigenen Kandidaten, der aber nie Anerkennung fand. Der 6. Dalai Lama wurde gewaltsam aus Lhasa fortgebracht und starb auf dem Weg nach China. 1711 zog ein anderer mongolischer Stamm, die Dzungaren, nach Tibet, um den »falschen Dalai Lama« zu stürzen. Lhazang Khan wurde geschlagen, die Dzungaren wüteten plündernd und mordend in Tibet. Das wiederum rief die Chinesen auf den Plan, die den mittlerweile aufgefundenen 7. Dalai Lama unter militärischem Schutz nach Lhasa brachten und zusammen mit tibetischen Kriegern die Dzungaren besiegten. Damit ging die Schutzherrschaft über Tibet von den Mongolen auf die Chinesen über. Der Kaiser übergab dem 7. Dalai Lama zwar wieder die Macht über Tibet und zog 1723 seine Soldaten aus Lhasa ab, doch war das Schneeland fortan tributpflichtig, was allerdings nicht bedeutet, dass es seine souveränen Rechte eingebüßt hätte. Bürgerkriegsähnliche Unruhen in Tibet setzten 1727 erneut ein chinesisches Heer in Bewegung, das die Ruhe in Lhasa wieder herstellte. Diesmal hinterließen die Chinesen eine Garnison in Tibets Hauptstadt sowie

旅游 促进经济繁荣

Ambane, Sonderbevollmächtigte des Kaisers, welche die chinesischen Interessen in Tibet wahren sollten. Außerdem fielen ganz Amdo und die östlichen Teile von Kham unter formelle chinesische Vorherrschaft – tatsächlich aber wurden diese Grenzprovinzen, die sich stets auch der Zentralmacht in Lhasa entzogen hatten, weiterhin von tibetischen Fürsten regiert. Von jeher waren in Tibet die lokalen Herrscher vor allem auf die Erhaltung ihrer eigenen Privilegien bedacht und versuchten, möglichst unabhängig von ihren jeweiligen Oberherren zu agieren, gleich ob Dalai Lama oder Fremdmächte wie Mongolen oder Chinesen herrschten. Ein gesamttibetisches Nationalbewusstsein formte sich erst nach 1949 im Widerstand gegen die chinesischen Invasoren. Von nun an mischten sich die Chinesen in zunehmendem Maße in die inneren Angelegenheiten Tibets. Sie versuchten, den Dalai

Tibet blieb trotz des chinesischen Einflusses ein unabhängiger Staat

Lama gegen den Panchen Lama, den Vertreter der zweitwichtigsten und eng mit den Dalai Lamas verbundenen Inkarnationslinie Tibets, auszuspielen und schickten noch einmal Truppen, als es in Lhasa 1750 nach langer Friedenszeit zu Unruhen kam und die Ambane samt vielen Soldaten der chinesischen Garnison umgebracht wurden. In den folgenden Jahrzehnten versank Tibet in internen Machtkämpfen, Intrigen, Korruption und Ämtermissbrauch. Der 8. Dalai Lama (1758–1804) hielt sich aus der Politik heraus. Während seiner Amtszeit überfielen nepalische Gurkhas Tibet. Wieder entsandte China ein Heer, um die Invasoren gemeinsam mit tibetischen Truppen zurückzuschlagen. Und wieder nutzte der Mandschu-Kaiser die Gelegenheit, noch mehr Einfluss auf die tibetische Politik zu nehmen, unter anderem auf das Wahlverfahren für die beiden wichtigsten Inkarnationslinien Tibets, die des Dalai Lamas und die des Panchen Lamas. Der Niedergang Tibets setzte sich fort, als die nächsten vier Dalai Lamas jeweils schon in jungen Jahren starben und daher keinerlei Einfluss ausüben konnten. Der Verdacht liegt nahe, dass sie ermordet wurden. Für die in ihrem Namen die Amtsgeschäfte führenden Regenten hatte dies den Vorteil, dass sie ihre Macht nicht an einen volljährig gewordenen Dalai Lama abgeben mussten, die Chinesen profitierten, weil Tibet sich ohne eine starke, vom Volk als Kundun, als »Gegenwart Buddhas«, verehrte Integrationsfigur leichter manipulieren ließ. Um ihre Geltung zu wahren, setzten die Chinesen alles daran, Russland und England, jene beiden Großmächte, die um Einfluss in Zentralasien buhlten, von Tibet fernzuhalten. Tibet wurde ein hermetisch abgeschottetes, verbotenes Land. Auch die Mönchsorden waren eifrig darauf bedacht, jeglichen »verderblichen« fremden Einfluss von Tibet fernzuhalten. Doch die Macht Chinas neigte sich dem Ende

zu. Rebellionen zermürbten das Reich der Mitte, zudem der Opiumkrieg (1840–1842) und der Taiping-Aufstand (1851–1864), der 20 Millionen Menschenleben forderte. Schon ab Mitte des 19. Jahrhunderts hatte das Protektorat Chinas über Tibet nur mehr symbolischen Charakter. China war selbst in den Status einer Halbkolonie gefallen. Zwei militärische Überfälle auf Tibet –

Links: Chinesische Propaganda an den Mauern des Potala. Oben: Einschusslöcher in der Stele vor dem Potala.

aus Kashmir und Nepal – mussten von den Tibetern ohne jegliche chinesische Hilfe zurückgeschlagen werden. Es bleibt festzuhalten, dass selbst in den Jahrzehnten, in denen der chinesische Einfluss auf Tibet am stärksten war, Tibet ein eigenständiger Staat mit eigener Regierung und Verwaltung blieb. Tibet wurde nie dem Mandschu-Reich einverleibt oder chinesischer Verwaltung unterstellt.

1895 bestieg der 13. Dalai Lama den Löwenthron im Potala. Endlich nahm wieder eine starke Persönlichkeit die politischen Geschäfte Tibets in die Hand. Doch das Land befand sich in einem desolaten Zustand: Tibet verharrte in einem mittelalterlichen Feudalsystem. Die Mehrzahl der Bauern war ihren Grundherren aus Regierung, Adel und Klöstern als Leibeigene untertan. Schulen gab es keine; das Bildungsmonopol lag bei den Klöstern. Ein rückständiges Rechtssystem mit

Das mittelalterliche Feudalsystem machte Reformen in Tibet unmöglich

drakonischen Strafen wie Verstümmelung, Blendung und Hinrichtung sorgte für Ordnung. Die Gesellschaft war streng hierarchisch gegliedert mit einer in sieben Adelsklassen unterteilten Aristokratie sowie den hohen Äbten und inkarnierten Lamas an der Spitze. Der Beamtenapparat war verkrustet und korrupt, Ämter käuflich oder erblich. Gut ein Drittel der männlichen Bevölkerung lebte in Klöstern. Die Verflechtung von Religion und Politik ging so weit, dass Regierungspositionen mit einem Mönch und einem Adeligen doppelt besetzt waren. Selbst behutsamste Versuche, diese starren Strukturen zu reformieren, wurden vehement bekämpft, auch wenn der Dalai Lama selbst solche Reformen unterstützte.

Die Welt um das hermetisch abgeschottete Tibet aber hatte sich drastisch verändert. Zwei europäische Großmächte hatten im »großen Spiel« ihr Auge auf Zentralasien geworfen: Einerseits England, das 1858 Indien zu einer britischen Kronkolonie gemacht hatte, aber bei dem Versuch gescheitert war, auch Afghanistan zu annektieren. Die Briten hatten schon Ende des 18. Jahrhunderts Versuche unternommen, mit Tibet Verbindung aufzunehmen und verloren auch später nicht ihr Interesse am Dach der Welt. Andererseits Russland, das bis Ende des 19. Jahrhunderts die Emirate in West-Turkestan dem Zarenreich eingegliedert hatte. China hingegen, das an seinem Einfluss auf Tibet festhielt, war längst viel zu schwach, um ihn tatsächlich auszuüben. Über einen burjatischen Mönch, der in Lhasa studierte, knüpfte der Dalai Lama vorsichtige Kontakte zum russischen Zaren, was England außerordentlich missfiel. Die Briten hatten vergeblich versucht, mit Hilfe Chinas Zugang zu Tibet zu bekommen. Als die Engländer erkannten, dass »die chinesische Oberhoheit über Tibet eine Fiktion« war, wie Lord Curzon es ausdrückte, wählten sie den direkten Weg: 1904 wurde eine militärische Expedition nach Tibet entsandt, um der britischen Krone Handelsvorrechte zu sichern. Wieder blieben die Tibeter ohne jede chinesische Hilfe. Die schlecht ausgerüstete tibetische Armee wurde geschlagen, die Engländer marschierten in Lhasa ein und konnten die geforderten Handelsprivilegien durchsetzen. Der Dalai Lama flüchtete in die Mongolei und bat Russland um Hilfe. Doch das Zarenreich, das gerade den Krieg gegen Japan verloren und mit revolutionären Unruhen im eigenen Land zu kämpfen hatte, stand unter zu großem inneren und äußeren Druck. Die Chinesen hingegen versuchten die Notsituation Tibets auszunutzen. Der Dalai Lama wurde auf seiner Rückreise über ein Jahr in Osttibet festgehalten und reiste schließlich nach Peking. Er wurde respektvoll empfangen, musste aber sein Knie vor dem Kaiser beugen und den zwiespältigen Titel »Unser treuer und gehorsamer Vizeregent« entgegennehmen. Erst 1909 konnte er nach Lhasa zurückkehren. Die Chinesen versuchten nun, Tibet mit Gewalt doch noch unter ihre Kontrolle zu zwingen. In Osttibet wüteten schon länger Kämpfe – chinesische Generäle hatten begonnen, Land zu annektieren, Klöster zu zerstören und Gräueltaten an

Links: Der 13. Dalai Lama hatte 1913 formell die Unabhängigkeit Tibets erklärt und versuchte, sein Land zu reformieren.

der Bevölkerung und den Mönchen zu verüben. 1910 besetzten chinesische Truppen Lhasa. Der 13. Dalai Lama floh erneut, diesmal nach Sikkim, das unter britischem Protektorat stand. Nun bat er die Engländer um Hilfe, musste jedoch zu seinem Entsetzen erfahren, dass die Briten mit Russland ein Abkommen geschlossen hatten, das beiden Mächten jegliche Einmischung in Tibet untersagte und zugleich China eine gewisse Oberhoheit zugestand. In Sikkim lernte der Dalai Lama moderne politische Ideen kennen, knüpfte Kontakte und erkannte den Wert einer modern organisierten Verwaltung und einer gut ausgerüsteten und ausgebildeten Armee. Das Problem mit China löste sich zunächst von selbst: 1912 dankte der letzte, gerade fünf Jahre alte Kaiser nach einer nationalistischen Erhebung gegen die mandschurischen Fremdherrscher ab. China wurde Republik und versank im Chaos. In Tibet kam es

zu Aufständen gegen die chinesischen Besatzungssoldaten, die zudem meuterten und zu desertieren begannen. Schließlich wurden alle chinesischen Beamten und Soldaten aus Tibet ausgewiesen. 1913 kehrte der Dalai Lama nach Lhasa zurück und erklärte augenblicklich formell die Unabhängigkeit Tibets. Versuche Chinas, an die bisherigen Beziehungen anzuknüpfen, wies er schroff zurück. Das alte Chöyön-Verhältnis, die Allianz von Schutzherr und geistigem Lehrer, so schrieb der Dalai Lama, sei »verblichen wie ein Regenbogen am Himmel«. Tibet hatte den Einfluss Chinas endgültig abgeschüttelt und war de facto und de jure ein souveräner Staat.

Noch im gleichen Jahr begann auf Bestreben Englands die sogenannte Simla-Konferenz, in der Briten, Chinesen und Tibeter über die endgültige Grenzziehung zwischen China und Tibet entscheiden sollten.

Der 13. Dalai Lama hinterließ düstere Prophezeiungen für die Zukunft Tibets

Allein die Tatsache, dass ein Vertreter der tibetischen Regierung als gleichberechtigter Partner am Verhandlungstisch saß und dass Tibet später auch eigenständig Abkommen mit der Mongolei und England traf, belegt klar, dass Tibet eine unabhängige Nation war. Die Standpunkte auf der Simla-Konferenz blieben unvereinbar: Tibet beharrte auf seinen Rechten als souveräner Staat und forderte die Rückgabe jener Gebiete im Osten, die seit dem 18. Jahrhundert unter chinesischer Kontrolle standen. Die Chinesen hingegen betrachteten ganz Tibet als Teil Chinas. Ein mühsam ausgehandelter Kompromiss, der einen gewissen Einfluss Chinas in einem zweigeteilten Tibet vorsah, wurde von chinesischer Seite nicht ratifiziert. Zugleich begann der Dalai Lama in Tibet mit einer Reihe von Reformen und Modernisierungen. Das tibetische Heer wurde verstärkt, bekam neue Waffen und wurde mit Hilfe der Briten ausgebildet. Die neue Armee konnte sogleich einen Sieg vermelden: Die Chinesen wurden bis über den Yangtse zurückgedrängt, die Grenze Tibets um 500 Kilometer nach Osten verschoben, ein weiteres Signal der Souveränität des Schneelandes. Eine Reihe technischer Neuerungen wurde eingeführt, eine Reform des Steuersystems zuungunsten der Klöster und der adeligen Feudalherren angestrebt. Für kurze Zeit existierte sogar eine Schule nach britischem Vorbild. Eine Gruppe fortschrittlicher junger Adeliger stand hinter diesen Reformen, die Klöster und ein Großteil des Adels aber bekämpften sie mit allen Mitteln. Einzelne Würdenträger, darunter der Panchen Lama, begannen sogar mit China zu paktieren. Der starke Widerstand, Intrigen und übereifriges Vorgehen der Reformer ließen die Pläne schließlich scheitern, bevor sie überhaupt zu greifen begonnen hatten.

Die guten Beziehungen zu England kühlten ab, und der Dalai Lama verlor das Interesse an weiteren Modernisierungsplänen. Vorläufig blieb alles beim Alten, doch als der Dalai Lama am 17. Dezember 1933 starb, hinterließ er düstere Prophezeiungen, die das Schicksal Tibets in vielen Punkten vorausahnten.

Während die Tibeter um die Wiedergeburt des Dalai Lama beteten, versuchte China, das Machtvakuum in Lhasa auszunutzen. 1934 traf eine »Trauerdelegation« mit bewaffneter Eskorte ein und versuchte Mönche und Adel mit Versprechungen und reichen Geschenken günstig zu stimmen. Doch alle Verhandlungen über künftige Beziehungen scheiterten. Die tibetische Regierung gestattete lediglich, dass eine chinesische Funkstation mit kleiner Besetzung in Lhasa installiert werden durfte – die erste chinesische Präsenz in Tibets Hauptstadt seit über 20 Jahren. Die Engländer wollten dies nicht hinnehmen und richteten ebenfalls eine Funkstation ein.

Der völkerrechtswidrige Überfall der Chinesen begann im Oktober 1950

Am 6. Juli 1935 wurde der 14. Dalai Lama in einem Bauernhaus im osttibetischen Amdo geboren. 1938 wurde der Knabe als Wiedergeburt des Dalai Lama erkannt und zwei Jahre später nach Bezahlung zweier beträchtlicher Lösegeldsummen an den lokalen Provinzgouverneur, der offiziell im Namen Chinas, tatsächlich aber nach eigenem Ermessen regierte, nach Lhasa gebracht und inthronisiert. In den Jahren seiner traditionellen Ausbildung kam es zu schweren internen Konflikten um den Regenten Reting Rinpoche, die Tibet an den Rand eines Bürgerkriegs brachten. Sie konnten zwar von der Regierung mit Waffengewalt beendet werden, doch erschütterten sie das Schneeland in seinen Grundfesten. Auch unternahm Tibet einige unbeholfene und erfolglose Versuche, aus seiner Isolation auszubrechen und internationale Anerkennung seiner Unabhängigkeit zu erlangen. In China hingegen, in dem seit Jahren der Bürgerkrieg tobte, kam es zu einer folgenschweren Wende: Die nationalchinesische Regierung unterlag trotz massiver Unterstützung durch die USA den Kommunisten. Am 1. Oktober 1949 rief Mao Tse-tung die Volksrepublik China aus. Obwohl zu diesem Zeitpunkt kein einziger Chinese mehr in dem von der Regierung des Dalai Lama kontrollierten Teil Tibets lebte (auch die chinesische Funkstation war stillgelegt worden) und sich nur eine Handvoll Ausländer im Schneeland aufhielt, verkündete Mao, Tibet müsse von ausländischen Imperialisten befreit und ins Mutterland China heimgeholt werden. Alle Versuche Tibets, militärische und diplomatische Hilfe aus dem Ausland zu erbitten oder mit China in direkte Verhandlungen zu treten, scheiterten. Nachdem England 1947 seine Kronkolonie Indien in die Unabhängigkeit entlassen hatte, verlor es auch das Interesse an

Tibet. Am 5. Oktober 1950 begann der völkerrechtswidrige Angriffskrieg der Volksbefreiungsarmee. Das kleine, mangelhaft ausgerüstete, schlecht geführte und schlecht ausgebildete tibetische Heer hatte nicht den Hauch einer Chance. In dieser kurzen, nur die wichtigsten Umrisse nachzeichnenden Betrachtung der tibetischen Geschichte bis zur Invasion der Volksbefreiungs-

Links: Eine Wandmalerei im Kloster Samye zeigt den 14. Dalai Lama im Alter von 16 Jahren. Oben: Chinesische Soldaten.

armee zeigt sich deutlich, dass China niemals begründete Ansprüche auf das Schneeland besaß. Tibet war in seiner ganzen Geschichte von den Anfängen bis 1949 ein eigenständiger Staat. Dies wurde beispielsweise durch ein 1960 erstelltes Gutachten der Internationalen Juristenkommission nachgewiesen. Dass die buddhistischen Orden Tibets über Jahrhunderte das System des Chöyön pflegten, die Allianz mit weltlichen Schutzherren, seien es nun tibetische Fürsten, mongolische Khane oder chinesische Kaiser, ist ein charakteristischer Zug tibetischer Politik, der nicht das Geringste mit dem Aufgeben souveräner Rechte oder Unterwerfung unter eine Fremdherrschaft zu tun hat. Das System des Chöyön sollte vielmehr die Sicherheit des religiösen Lebens und die Vormachtstellung einzelner Orden gewährleisten sowie die Beziehungen zu mächtigen Nachbarn friedlich regeln. Dass vor allem

Tibet war in seiner ganzen Geschichte ein souveräner Staat

China das Chöyön-System einseitig auszuhöhlen versuchte, indem es Einfluss auf die internen Angelegenheiten Tibets nahm und alles daran setzte, das »Schatzhaus des Westens«, wie Tibet in China genannt wurde, ganz unter seine Kontrolle zu zwingen, weist lediglich auf die Machtbestrebungen Chinas hin, nicht aber auf den Verlust der Selbstständigkeit Tibets. In all den Jahrhunderten seiner Geschichte bis zum Überfall der Volksbefreiungsarmee war Tibet nach allen Vorgaben des Völkerrechts ein souveräner Staat. Souveränität definiert sich gemäß der 1933 unterzeichneten Konvention von Montevideo wie folgt: »Der Staat als Subjekt des internationalen Rechts sollte folgende Eigenschaften besitzen: a) eine ständige Bevölkerung; b) ein definiertes Staatsgebiet; c) eine Regierung und d) die Fähigkeit, in Beziehung mit anderen Staaten zu treten.« All das traf auf Tibet zu. Dazu kam die Eigenständigkeit der tibetischen Kultur, Religion, Lebensart und ethnischen Herkunft der Tibeter. Der Anspruch Chinas auf Tibet ist daher kaum mehr als eine Fortsetzung jenes uralten chinesischen Weltbildes, dass China »das Reich der Mitte« sei, der Mittelpunkt der Welt, um den sich alles zu drehen habe. Mao Tse-tung setzte 1950 diesen Wunschtraum der chinesischen Kaiser in die Tat um, indem er das »Schatzhaus des Westens« mit Waffengewalt unter seine Macht zwang. Aber auch Mao wusste um diese Fakten. Er stoppte die Volksbefreiungsarmee nach der ersten Demonstration ihrer Überlegenheit und setzte auf Drohungen, Versprechungen und Verhandlungen, um eine freiwillige Angliederung Tibets an China zu erreichen. »Unsere Truppen befinden sich an einem Ort, an dem in der Vergangenheit keine Chinesen waren«, erklärte er seinen ungeduldigen Generälen. Auch zeigte das tibetische Volk keinerlei Interesse, sich vom revolutionären Geist der chinesischen Kommunisten anste-

cken und sich »von der herrschenden Klasse befreien« zu lassen. Auch wenn Tibet in einem Feudalsystem erstarrt war, lebte die Bevölkerung weitgehend zufrieden in diesem Land, in dem sich Religion und Weltliches unauflöslich durchdrangen. Obwohl die tibetische Armee besiegt war, wäre eine militärische Unterwerfung und Besetzung von ganz Tibet außerordentlich

Links: Während der Kulturrevolution wurden Zehntausende von Wandmalereien zerstört. Oben: Chinesisches Militär in Lhasa.

schwierig gewesen – es gab weder Straßen, Flugpisten noch Eisenbahnlinien. Auch wollte Mao vermeiden, Tibet wie einen fremden Staat zu erobern – es wäre anschließend so gut wie unmöglich gewesen, die Behauptung zu vertreten, Tibet sei bereits seit Jahrhunderten unveräußerlicher Teil Chinas. Also propagierte Mao eine »friedliche Heimholung Tibets ins Mutterland«. In dieser Zeit schwerer Not übernahm der fünfzehnjährige Dalai Lama in Lhasa auf Drängen des Volkes und der Nationalversammlung vorzeitig die Macht. Als 1950 zwei Versuche Tibets scheiterten, bei den Vereinten Nationen Gehör zu finden, entschloss sich der Dalai Lama zum Rückzug aus Lhasa an die Grenze zu Sikkim, während eine tibetische Delegation in Peking mit den Chinesen verhandelte. Das 1951 festgelegte 17-Punkte-Abkommen, von chinesischer Seite vorformuliert und durch Androhung militärischer

Nach der Flucht des Dalai Lama begannen in Tibet Zerstörung und Völkermord

Gewalt schließlich auch durchgesetzt, besiegelte das Ende der Unabhängigkeit Tibets. Zwar war die tibetische Delegation zu Entscheidungen von solcher Tragweite gar nicht befugt, doch blieb dem Dalai Lama und seiner Regierung zuletzt nichts anderes übrig, als sich der illegalen Besetzung Tibets zu fügen. Im September 1951 marschierten die ersten chinesischen Soldaten in Lhasa ein. Noch wurden die Versprechungen Maos befolgt, Tibet nicht sozialistischen Reformen zu unterwerfen und die Religionsfreiheit, die Struktur der tibetischen Regierung und Beamtenschaft sowie die Privilegien der Klöster zu achten. Doch im Osten Tibets, in Kham und Amdo, war der gewaltsame »Klassenkampf« bereits im vollen Gange. Dort begann sich rasch bewaffneter Widerstand gegen die Besatzer zu formieren. Während der junge Dalai Lama nach China reiste, wo er Mao Tse-tung traf und später eine Pilgerreise nach Indien unternahm, wuchs auch in Zentraltibet die Unzufriedenheit der Tibeter, da die Chinesen sich immer weniger an ihre im 17-Punkte-Abkommen festgelegten Versprechungen hielten. In Osttibet hingegen tobte der offene Krieg der Rebellen gegen die Volksbefreiungsarmee. Der bewaffnete tibetische Widerstand, der bald auch auf Zentraltibet übergriff, wurde vom amerikanischen Geheimdienst CIA unterstützt. 1959 beherrschten die tibetischen Widerstandskämpfer bereits die größten Teile von Ost- und Südtibet und fügten den Chinesen empfindliche Verluste zu. In Lhasa kam es zu Demonstrationen gegen die Besat-

zer und schließlich zu einem Volksaufstand. Am 17. März 1959, als die Chinesen die Bombardierung seines Palastes androhten, entschloss sich der Dalai Lama zur Flucht. Kaum war er aus Lhasa entkommen, wurde der Aufstand von den Chinesen mit äußerster Brutalität niedergeschlagen. Zehntausende von Tibetern kamen ums Leben, Tausende andere verschwanden in Gefängnissen und Arbeitslagern, die ersten Tempel und Klöster wurden zerstört. Zahllose Tibeter aber machten sich auf, dem Dalai Lama ins Exil zu folgen. Bauern, Mönche, Adelige, Nomaden verließen ihre Heimat, in welcher die Chinesen ihre Zwangsherrschaft mit härtester Grausamkeit durchsetzten.

Links: Der 14. Dalai Lama bei seiner vorgezogenen Amtseinführung 1950. Oben: Der Dalai Lama und Mao Tse-tung in China.

ད་ལྟའི་བོད

Tibet und China

Von 1959 bis zur Gegenwart

Bei Mangmang, Grenzgebiet Tibet-Indien, 31. März 1959

Noch immer regnet es in Strömen. Der Dalai Lama war erkrankt in diesem tagelangen Regen, der im undichten Zelt in Bächen die Innenseite der Planen herabfloss. Man hatte den völlig erschöpften, vom Fieber geschüttelten jungen Mann zuletzt in eine schmutzige, rußgeschwärzte Bauernkate in der Nähe gebracht, doch die ganze Nacht hatte das Vieh im unteren Geschoss gebrüllt. An Schlaf war nicht zu denken gewesen. Nun machen Meldungen die Runde, chinesisches Militär sei den Flüchtlingen dicht auf den Fersen. Man musste weiter. Schweren Herzens nimmt der Dalai Lama Abschied von seiner Eskorte, tibetischen Soldaten und Khampa-Rebellen, die nach Tibet zurückkehren, um den Kampf gegen die chinesischen Invasoren fortzusetzen. Der Dalai Lama weiß, dass viele dieser Männer aus Treue zu ihm ihr Leben lassen werden.

Er selbst jedoch ist zu schwach zum Reiten seines Pferdes. Seine Begleiter heben ihn auf den breiten Rücken eines Dzo, dieser Kreuzung von Rind und Yak, die seit Jahrhunderten in Tibet als zuverlässiges Reit- und Lasttier mit leichtem, sicherem Gang gilt. Endlich bewegt sich die kleine Gruppe weiter. Das Land ist öde und unbewohnt. Wie durch einen Nebel nimmt der Dalai Lama seine Umgebung wahr, benommen vom Fieber, von der Erschöpfung der langen Flucht, zutiefst unglücklich über die hoffnungslose Lage seines Volkes. Endlich überschreiten sie die Grenzlinie zu Indien. Der prominenteste tibetische Flüchtling ist im Exil angekommen. Zehntausende seiner Landsleute sollten ihm in den nächsten Wochen, Monaten und Jahren folgen. Das Flüchtlingsdrama auf dem Dach der Welt hatte begonnen. Es fand bis heute kein Ende.

Links: Tibeter im Exil mit Amulett des 14. Dalai Lama. Oben: Der Dalai Lama auf der Flucht.

Fortan gab es »zwei Tibets« – das von China besetzte nördlich des Himalaya und »Tibet im Exil« – in Indien, Nepal und anderen Staaten, die tibetische Flüchtlinge aufnahmen. Das erste Jahr des Exils war ein verzweifeltes. Gewaltige Flüchtlingsströme folgten dem Dalai Lama, darunter fast die gesamte geistliche und weltliche Elite des alten Tibet. Für viele war es eine Flucht in den Tod. Obwohl Indien, zu jener Zeit selbst noch Entwicklungsland mit drängenden Problemen, den Tibetern nach Kräften Hilfe leistete, forderten das ungewohnte heiße Klima, die hygienischen Bedingungen sowie Krankheiten wie Cholera, Malaria, Ruhr, Gelbsucht und Tuberkulose zahllose Opfer unter den Menschen vom tibetischen Hochplateau. Rasch wuchs die Zahl der Flüchtlinge auf 85 000. Provisorische Auffanglager wurden eingerichtet und Männer, Frauen und Kinder von der indischen Regierung unter gefährlichsten Bedingungen im Straßenbau in den Bergen eingesetzt, um den kargen Lebensunterhalt zu verdienen. Doch Tibet im Exil begann sich rasch zu strukturieren. Ein Jahr lebte der Dalai Lama in Mussoorie, bevor

1959 begann die systematische Vernichtung der tibetischen Kultur und Religion

er nach Dharamsala umzog, wo er noch heute mit der tibetischen Exilregierung, der »Zentralen Tibetischen Administration«, residiert. Der Dalai Lama setzte alles daran, dass sich die tibetischen Flüchtlinge nicht einfach im Land zerstreuten und ihre traditionellen kulturellen Werte und Bindungen verloren. Tibetische Schulen wurden eingerichtet, Klöster im Exil neu begründet, und in Südindien entstanden die ersten tibetischen Siedlungen, für die Land von der indischen Regierung zur Verfügung gestellt wurde. Die Tibeter fanden sich allen Schwierigkeiten zum Trotz rasch zurecht in der ungewohnten Umgebung und brachten es oft zu wirtschaftlichem Erfolg. Doch viele Flüchtlinge, vor allem alte Menschen, leben auch heute noch in Armut. Jahrelang wussten die Chinesen durch diplomatischen Druck Auslandsreisen des Dalai Lama zu verhindern. Doch als er 1973 seine erste Reise nach Europa unternahm und fortan zu einem emsigen Weltreisenden in Sachen Tibet wurde, wurden immer mehr Menschen in aller Welt auf das Schicksal Tibets und der Tibeter aufmerksam. Wie kein anderes Volk in Bedrängnis erfuhren die tibetischen Flüchtlinge eine zunehmende Welle der Solidarität und Hilfe aus allen Kontinenten.

Die Tibeter in Tibet jedoch durchlebten die entsetzlichste Zeit in der Geschichte des Schneelandes. Bereits 1959 und 1960 machten zwei Berichte der Internationalen Juristenkonferenz die Weltöffentlichkeit auf die Schreckensherrschaft der Chinesen in Tibet aufmerksam: »Das Komitee hat herausgefunden, dass Akte des Genozids in Tibet begangen wurden in dem Versuch, die Tibeter als religiöse Gruppe zu zerstören.« Aufzeichnungen und Berichte von tibetischen Flüchtlingen, geschmuggelte Briefe und Fotos sowie Erzählungen von Augenzeugen verdeutlichen den kaum vorstellbaren Terror, der über Jahrzehnte in Tibet wütete. Unmittelbar nach der blutigen Niederschlagung des Volksaufstandes von 1959 begann die systematische Vernichtung der tibetischen Religion und Kultur.

Links: Großmutter und Enkel im tibetischen Camp in Südindien. Oben: Tibetisches Auffanglager in Pokhara um 1964.

Klöster und Tempel wurden geplündert, chinesische Fachleute entfernten Edelmetalle und Edelsteine von Statuen und Ritualgegenständen. Hunderte Tonnen von Kunstschätzen wurden nach China geschafft und dort entweder wegen ihres Metallwerts eingeschmolzen oder, wenn sie besonders kostbar waren, auf dem internationalen Kunstmarkt in Devisen umgesetzt. Mönche und Nonnen wurden aus den Klöstern vertrieben, die ihrer beweglichen Schätze beraubten Gebäude niedergerissen, gesprengt oder als Lagerhäuser und Ställe missbraucht. Auch in Zentraltibet wurden nun die sozialistischen Reformen gewaltsam durchgesetzt. Bis 1975 waren so gut wie alle tibetischen Bauern und Nomaden in Kommunen zusammengeschlossen, mit dem Ergebnis, dass es erstmals in der tibetischen Geschichte zu Hungersnöten kam, bei denen mehr als 300 000 Tibeter den Tod fanden. 1965 wurde Tibet geteilt. Zentral- und Westtibet – nur ungefähr die Hälf-

Von den 6300 tibetischen Heiligtümern blieben nur 13 einigermaßen unzerstört

te des ursprünglichen tibetischen Kulturraumes – wurde zur »Autonomen Region Tibet« erklärt, die östlichen Teile Tibets hingegen verschiedenen chinesischen Provinzen zugeschlagen. Ein Jahr später hetzte Mao Tse-tung die Roten Garden in die »Große Proletarische Kulturrevolution«, um seine schwindende Macht zu stabilisieren. In den folgenden zehn Jahren blieben auch die kleinen Tempel und Klöster in den abgelegensten Orten Tibets nicht vor der chinesischen Zerstörungswut verschont. Bibliotheken mit unschätzbar kostbaren Handschriften und Blockdrucken wurden verbrannt, Wandmalereien abgeschlagen, Statuen zertrümmert, Klöster und Tempel bis auf die Grundmauern niedergerissen. Von den ehemals etwa 6300 Heiligtümern Tibets überstanden nur 13 diesen Sturm der Vernichtung einigermaßen unbeschadet. Auch die Natur Tibets wurde radikal geschändet und ausgeplündert – die Tierwelt der Hochsteppen und Berge fast ausgerottet, die dichten Urwälder im Osten gerodet, Bodenschätze abgebaut, Raketenbasen, militärische Testgelände und Endlager für Atom- und Giftmüll eingerichtet. Über das tibetische Volk brachen Jahrzehnte grausamster Unterdrückung herein. Jede Ausübung der Religion war verboten, ebenso Bräuche, Trachten, Feste und alle Ausdrucksformen tibetischer Lebensart. Alle Tibeter waren von Sonnenaufgang bis Sonnenuntergang zum Arbeitsdienst zwangsverpflichtet und mussten abends das berüchtigte »Thamzing« über sich ergehen lassen, stundenlange »Kampfsitzungen«, bei denen »Klassenfeinde« gedemütigt, geprügelt und oft auch vor den Augen ihrer Angehörigen ermordet wurden. Tausende verschwanden in Gefängnissen und Arbeitslagern, wurden gefoltert, hingerichtet, verhungerten.

Der bewaffnete Widerstand gegen die Chinesen wurde nach der Flucht des Dalai Lama fortgesetzt, zunächst in Tibet selbst, später aus dem auf nepalischem Territorium liegenden kleinen Königreich Mustang. Dann stellte die CIA, welche die Rebellen unterstützt hatte, jede Hilfe ein. Die USA hatten den Kampf der Tibeter nicht etwa aus Mitgefühl mit dem Schicksal dieses Volkes unterstützt oder um die tibetische Unabhängig-

Links: Zerstörte Statue im westtibetischen Guge. Oben: Abgeschlagene Buddhahand im zerstörten Shide-Kloster in Lhasa.

keit zu befördern, sondern einzig aus dem Kalkül heraus, das kommunistische China im Kalten Krieg zu destabilisieren. Noch während in Tibet der Terror der Kulturrevolution tobte, begann sich eine politische Wende anzudeuten. Geheimgespräche ebneten den Boden für die Anerkennung der Volksrepublik China und ihre Aufnahme in die UNO im Jahr 1971. Schon ein Jahr später stattete US-Präsident Nixon Mao Tse-tung einen Staatsbesuch in Peking ab.

Mao starb im September 1976. Sein skrupelloser Machthunger hatte 70 Millionen Menschen das Leben gekostet. Einer der größten Massenmörder der Menschheitsgeschichte hatte auch Tibet in den Untergang gestürzt. Sein Nachfolger Deng Xiao-ping begann sofort mit Reformen, um China aus dem Chaos von Misswirtschaft und Kulturrevolution zu führen. Deng war ein Kampfgenosse Maos gewesen, wegen seiner Versuche, pragmatische Reformen durchzusetzen, aber dreimal aus allen Ämtern verjagt worden. Nun galt er als Hoffnungsträger eines neuen, wirtschaftlich aufstrebenden Chinas. Unter dem Motto »Wirtschaftsentwicklung statt Klassenkampf« öffnete er die Tore Chinas zum Ausland. Der politische Ausgleich mit den Weltmächten USA und Sowjetunion wurde angestrebt. Die Volkskommunen lösten sich auf, Bauern durften wieder private Felder bestellen, Kleinbetriebe wurden privatisiert und die Großindustrie reformiert. Zwar gab es heftigen internen Widerstand von kommunistischen Hardlinern, doch der neue pragmatische Kurs und die gemäßigte politische Linie waren nicht mehr aufzuhalten. Auch die westlichen Industrienationen erkannten rasch das wirtschaftliche Potenzial des Reiches der Mitte. Ausländisches Kapital, Technologietransfer und partnerschaftliche Kooperation förderten den Aufschwung. 1985 öffnete das erste deutsch-chinesische Gemeinschaftsunternehmen bei Shanghai: ein Volkswagen-Werk, in dem Santanas vom Band rollten. Die »sozialistische Marktwirtschaft chinesischer Prägung« brachte aber neue Probleme wie Arbeitslosigkeit, Korruption, Kriminalität und eine wachsende Kluft zwischen den Reichen in den Großstädten, die vom neuen Wirtschaftswunder profitierten, und den Armen auf dem Land, die entweder in den unterentwickelten bäuerlichen Strukturen verblieben oder als entwurzelte Wanderarbeiter in den Ballungszentren ihr Glück versuchten. »Für einen Kommunisten ist es keine Schande, reich zu sein«, bemerkte Deng. Zugleich hielt er an der absoluten Macht der Kommunistischen Partei fest.

Nach dem Tod Maos begann der wirtschaftliche Aufschwung Chinas

Der neue Wirtschaftsaufschwung erreichte Tibet zunächst kaum, doch war Dengs liberalere Politik auch im Schneeland zu spüren. Der Panchen Lama, der viele Jahre in Gefängnissen verbracht hatte, wurde rehabilitiert, und auch ehemalige tibetische Regierungsmitglieder, die seit 1959 in Haft gewesen waren, kamen frei. 1978 begannen erste informelle Gespräche zwischen China und Vertretern der Exiltibeter. Drei Delegationen des Dalai Lama durften Tibet bereisen, um sich selbst ein Bild zu machen von den »großen Fortschritten im sozialistischen Paradies« auf dem Dach der Welt. Der frenetische Jubel, mit denen die Delegationen, darunter Familienmitglieder des Dalai Lama, von den Tibetern empfangen wurden, schockierte die chinesische Führung zutiefst. Zwanzig Jahre Unterdrückung, Terror und Gehirnwäsche hatten nicht vermocht, die tiefe Verbundenheit der Tibeter mit ihrem Hoffnungsträger zu brechen. Schon bald endete der anfangs hoffnungsvolle Dialog aufgrund unvereinbarer Positionen in der Sackgasse. Sowohl Initiativen von

chinesischer Seite als auch Vorschläge des Dalai Lama wie etwa der »Fünf-Punkte-Friedensplan« von 1987 führten zu keinen Ergebnissen. Zugleich öffnete China das über Jahrhunderte hermetisch abgeriegelte Schneeland erstmals für Touristen. China begann, den Wiederaufbau einiger Klöster in Tibet zu finanzieren. Schließlich wollte man den Touristen ein intaktes Tibet vorführen. Doch schon bald endete das zaghafte Tauwetter abrupt. Am 1. Oktober 1987, dem Jahrestag der Gründung der Volksrepublik China, kam es in Lhasa zum ersten Volksaufstand seit 1959. Mönche gingen für die Unabhängigkeit ihres Landes auf die Straße und wurden sofort verhaftet. Tausende von Tibetern forderten ihre Freilassung. Es kam zu Straßenschlachten mit Toten und Verletzten. Zahllose Tibeter wurden verhaftet, gefoltert und zu hohen Strafen verurteilt. In den Monaten danach gab es immer wieder Demonstrationen, die in einem weiteren, ebenfalls blutig niedergeschlagenen Aufstand im März 1988 kulminierten. Am 5. März 1989 schließlich verloren am »Blutigen Sonntag« über 250 Tibeter ihr Leben. Wieder verschwanden zahllose Menschen in Arbeitslagern und Gefängnissen. Peking verhängte das Kriegsrecht und verwies alle Journalisten und Touristen des Landes. Im selben Jahr ließ Deng Xiao-ping auf dem Platz des Himmlischen Friedens Panzer gegen Studenten rollen, um die chinesische Demokratiebewegung mit blutiger Gewalt niederzuwalzen. 3600 Menschen wurden in Peking ermordet. Alle Hoffnungen auf ein im Wirtschaftsaufschwung sich allmählich auch demokratischen Werten annäherndes China, in dem die grundlegenden Menschenrechte respektiert werden, waren dahin. Die Welt war schockiert, allerdings nicht lange, denn die wirtschaftlichen Chancen, die das aufstrebende Reich der Mitte den großen Industrienationen bot, wogen schwerer als niedergemetzelte Studenten oder gefolterte tibetische Mönche und Nonnen. Während 1989 in Tibet das Kriegsrecht verhängt wurde, erhielt der Dalai Lama in Oslo den Friedensnobelpreis.
Nun war die »Tibet-Frage« plötzlich weltweit in aller Munde. War der Dalai Lama bei seinen Reisen rund um den Planeten zunächst vor allem von Wissenschaftlern, Künstlern, Menschenrechtlern und religiösen Führern empfangen worden, so ignorierten zunehmend auch Politiker vieler Länder die wütenden Proteste der Chinesen und luden den Dalai Lama zu Gesprächen. Der Nobelpreis machte das Oberhaupt der Tibeter endgültig »salonfähig«.

1989 wurden alle Hoffnungen auf eine Demokratisierung Chinas in Blut erstickt

Für Tibet war das Jahr 1989 ein weiterer Wendepunkt – die Epoche zaghafter Liberalisierung nach dem Terror der Kulturrevolution war vorbei. Während der Dalai Lama mit seiner universalen Botschaft von Frieden, Gewaltlosigkeit und Toleranz zu einer der bekanntesten Persönlichkeiten der Erde wurde, zu einer Kultfigur, einem »Popstar der Erleuchtung«, steuerte China in Tibet erneut einen Kurs kompromissloser Härte, der sich bis zur Gegenwart kaum gemildert hat. Die Repressalien wurden intensiviert, Militär- und Polizeipräsenz verstärkt. Zwangssterilisationen und Zwangsabtreibungen bei tibetischen Frauen und eine gezielte

Links: Der 10. Panchen Lama, Spielball chinesischer Politik. Oben: Militärpräsenz beim März-Aufstand 1988 in Lhasa.

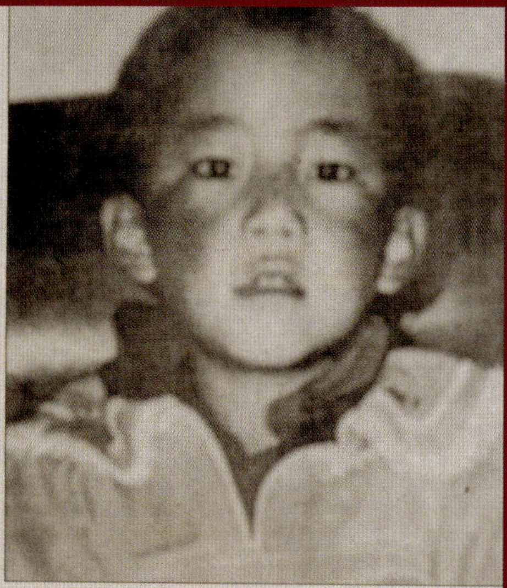

etisches Mädchen am GfbV-Stand auf dem evangelischen Kirchentag 1995; Gedhun Choekyi Nyima, der von Peking entführte Panchen Lama — Fotos: Gabriele Martin bzw. AF

Der jüngste politische Gefangene der Welt ist Tibeter

Gedhun Choekyi Nyima wurde als Sechsjähriger im Mai 1995 von tibetischen Lamas zum 11. Panchen Lama, dem nach dem Dalai Lama wichtigsten religiösen Würdenträger der Tibeter, bestimmt.

wurden mehr Regimegegner verhaftet als jemals zuvor in so einer kurzen Zeitraum. In den Gefängnissen wird gefoltert und vergewaltig Nicht selten sterben Häftlinge an den Folgen der Mißhandlungen. Auc

August 31, 1997

4

Thousands executed

China executed at least 4,367 people last year by firing squad or lethal injection, Amnesty International has reported, including some Tibetans shot for "counter-revolution" or "subversion".

This figure, the highest since 1983, was confirmed by Chinese media. Amnesty said it had logged more than 6100 death sentences, exceeding the previous two years combined, yet believed the figures "to fall far short of reality".

The impetus behind the recent escalation is the "*Yan Da*" or "Strike Hard" campaign. Implemented in China to control crime, Strike Hard was launched in Tibet in April 1996 to clamp down on so-called "splittists"- those who support Tibetan independence and the leadership of the Dalai Lama.

At the end of 1996 TIN reported that 34 Tibetans had been executed in the "TAR" region, an execution rate eight times higher in Tibet than in China during the campaign.

A.I. — *Chinese police in position for execution*

Ansiedlung von Han-Chinesen in Tibet sorgten dafür, dass die Tibeter zur Minderheit im eigenen Land wurden. 1993 begann der Abriss der historischen Altstadt Lhasas rund um den Jokhang-Tempel, deren enge Gassen den Sicherheitskräften die Kontrolle über mögliche Demonstrationen erschwerten. Bis heute wurden über 400 der einstmals 600 historischen Gebäude von Tibets Hauptstadt zerstört. Und 1995 wurde Choekyi Nyima, die soeben aufgefundene und vom Dalai Lama anerkannte Wiedergeburt des 1989 unter ungeklärten Umständen verstorbenen Panchen Lama von den chinesischen Behörden samt seiner Familie verschleppt. An seiner Stelle wurde der Sohn tibetischer Eltern, die der Kommunistischen Partei angehören, als Panchen Lama inthronisiert. Bis heute ist das Schicksal des verschleppten Kindes ungeklärt. Zugleich versuchten die Chinesen, den Dalai Lama endgültig aus den Herzen der Tibeter zu bannen, denen er nach wie vor als Symbol der Hoffnung auf ein freies Tibet und verehrter religiöser Führer galt. Der Besitz von Fotos des Dalai Lama wurde bei Strafe verboten, der Druck auf die Klöster, die bis heute die traditionellen Werte des alten Tibet wahren, drastisch erhöht. 1996 begannen Umerziehungskampagnen, die bis zur Gegenwart fortgesetzt werden. Nur Mönche, die sich einer »patriotischen Erziehung« unterwerfen und langwierige Indoktrinationssitzungen über sich ergehen lassen, dürfen in den Klöstern bleiben. Mönche und Nonnen werden gezwungen, Schmähschriften gegen den Dalai Lama zu verfassen und den von China eingesetzten falschen Panchen Lama anzuerkennen. Die Anzahl der Mönche und Nonnen wurde strikt begrenzt. Indes lagen die Verhandlungen Chinas mit den Exiltibetern entweder ganz auf Eis oder scheiterten an immer den gleichen Punkten, obwohl der Dalai Lama längst öffentlich signalisiert hatte, er würde eine Oberherrschaft Chinas über Tibet akzeptieren, wenn Tibet in religiösen und kulturellen Belangen Autonomie zugesichert bekäme. All das trug dazu bei, dass die Flüchtlingsströme aus Tibet anwuchsen. In den letzten Tagen des Jahres 1999 floh auch einer der einflussreichsten reinkarnierten Lamas, der Karmapa. Diese sowohl vom Dalai Lama als auch von den chinesischen Behörden anerkannte Wiedergeburt des Oberhauptes des Karma-Kagyü-Ordens wurde von den Chinesen hofiert, die hofften, den jungen Karmapa für ihre politischen Zwecke instrumentalisieren zu können. Der Karmapa entzog sich diesem Einfluss in einer abenteuerlichen Flucht über den winterlichen Himalaya nach Indien.

Die Unterdrückung Tibets durch die Chinesen setzt sich bis zur Gegenwart fort

Doch auch in den tibetischen Exilgemeinden häuften sich die Probleme. Tibet war in seiner langen Geschichte nie ein idyllisches Shangri-La gewesen. Der Dalai Lama hatte versucht, den Untergang des alten Tibet und das Bemühen um die Erhaltung der tibetischen Kultur und Religion im Exil zum Anlass zu nehmen, die alten Brüche zu heilen. Er schaffte eine Reihe überkommener Zeremonien ab, welche die Dalai Lamas über Jahrhunderte von ihrem Volk entrückt hatten. Auch wandte er sich von jeglichem Sektierertum ab und räumte allen Orden, einschließlich der alttibeti-

Links: Zeitungsartikel über den entführten Panchen Lama / Hinrichtungen in China. Oben: Der Karmapa floh 1999 ins Exil.

schen Bön-Religion, Mitspracherecht in der Exilregierung ein. Er führte für die Exilregierung ein demokratisches System ein und stufte sein eigenes Amt als geistliches und weltliches Oberhaupt Tibets auf die Rolle des religiösen Führers zurück, eine Maßnahme, die viele Tibeter bis heute nicht nachvollziehen können. Die Tibeter im Exil leben in einem oft brisanten Spannungsfeld zwischen religiös-konservativen, nationalistischen, modernen und radikalen Kräften. Der Streit um Dorje Shugden, einen Schutzgeist der Gelugpas, von dessen Verehrung der Dalai Lama sich abwandte, forderte mehrere Todesopfer und spaltete den Gelugpa-Orden. Auch der geflüchtete Karmapa wurde nicht von allen Tibetern mit Freude empfangen. Eine rivalisierende Fraktion innerhalb seines Ordens hatte einen anderen Knaben als Wiedergeburt des Karmapa inthronisiert. Auch in diesem noch nicht entschiedenen Streit kam es zu gewaltsamen Auseinandersetzungen.

Die Situation der Tibeter im Exil hat sich drastisch verändert

Animositäten zwischen verschiedenen Familienclans und Volksgruppen der Tibeter, ebenfalls aus dem alten Tibet mit ins Exil gebracht, verschärfen die Konflikte.

Und nicht zuletzt haben sich die sozialen und wirtschaftlichen Bedingungen der Tibeter im Exil in den vergangenen Jahrzehnten drastisch verändert. Längst haben es viele zu Wohlstand gebracht, längst wurden die Tibeter in ihren Gastländern zu Arbeitgebern, die zunehmend Inder und Nepali für untergeordnete Tätigkeiten in Landwirtschaft, Betrieben und Klöstern beschäftigen. Längst sind viele Exilklöster dank ausländischer Mäzene reich geworden und schwelgen in üppigem Ausstattungsprunk. Längst hat sich der tibetische Buddhismus in der westlichen Welt ausgebreitet. Die internationale Popularität des Dalai Lama brachte den tibetischen Flüchtlingen wahre Spendenströme, was oft auch den Neid eines Teiles der einheimischen Bevölkerung weckte, die ohne jegliche Unterstützung in schwierigeren Umständen leben musste als die Flüchtlinge aus Tibet. Immer wieder kam es zu Reibereien, gar zu gewaltsamen Auseinandersetzungen und zu Forderungen, keine »fremde Regierung« – gemeint ist die zentrale Verwaltung der Exiltibeter – in Indien zu dulden. In der Tat bewahrten die Tibeter im Exil ihre Kultur, Religion und nationale Identität und schufen kleine Parallelwelten in ihren Gastländern. Aber auch das beginnt sich zu verändern. Hatte sich die erste Generation der Flüchtlinge noch unter schwierigsten Bedingungen und zahlreichen Opfern im Ausland behaupten müssen, so sind bereits zwei Generationen von Tibetern im Exil geboren und aufgewachsen und werden mit ganz anderen Problemen konfrontiert. Viele von ihnen haben an der tibetischen Religion und Kultur nur noch wenig Interesse. Statt an eine Rückkehr nach Tibet oder ein Engagement in der Exilgemeinschaft denken die oft gut ausgebildeten und mit den Annehmlichkeiten westlicher Lebensart aufgewachsenen jungen Tibeter lieber an Auswanderung nach Europa oder Amerika. Freilich gibt es für sie in der tibetischen Exilgemeinschaft kaum noch berufliche Perspektiven. Die traditionellen Einnahmequellen wie Teppichherstellung, Kunsthandwerk oder der »Pullovermarkt«, auf dem sich viele Flüchtlinge anfangs ihre ersten indischen Rupien verdienten, sind stark zurückgegangen, die besten Chancen bieten die indischen Großstädte oder das Ausland. Auch junge Mönche, selbst wiedergeborene Lamas, kehren den Klöstern den Rücken und wenden sich einem weltlichen Leben zu. Und längst haben in den tibetischen Siedlungen Arbeitslosigkeit, Alkohol, Drogen und andere negative Zivilisationserscheinungen Einzug gehalten. Auch im aufstrebenden Wirtschaftswunderland China haben gut ausgebildete Tibeter, die nicht auf ihrer traditionellen Kultur und Lebensart beharren, Aufstiegschancen, obwohl sie in Tibet selbst beispielsweise bei der Vergabe von Stellen im öffentlichen Dienst nach wie vor benachteiligt werden. Viele der Kinder, die von ihren Eltern ins Exil geschickt werden, um die traditio-

Links: Mit seiner gewaltfreien Politik wurde der 14. Dalai Lama zum Symbol des Friedens in der westlichen Welt.

Budweiser
皇者风范
高原之宝
堆龙德庆县

nelle tibetische Ausbildung zu genießen, kehren später wieder ins chinesisch besetzte Tibet zurück. Der Premierminister der tibetischen Exilregierung brachte diese Entwicklungen in einem Interview auf den Punkt: »Die Chinesen haben die Tibeter nicht mit Folter, auch nicht mit der Kulturrevolution vom Glauben abbringen können. Aber in den letzten 15 Jahren haben sie mit dem neuen Konsumdenken viele Tibeter erreicht.«

Der Großteil der Tibeter in Tibet hingegen wurde in Hinblick auf Chancen in Bildung und Beruf an den Rand gedrängt. Die Tibeter sind eine unterprivilegierte Minderheit im eigenen Land. Das politische, kulturelle und wirtschaftliche Leben wird von Chinesen dominiert, die tibetische religiöse Kultur nach wie vor eingeschränkt und mit starken Repressalien belastet. Die natürlichen Ressourcen Tibets, zum Beispiel die reichen Bodenschätze oder die Wälder Osttibets, werden von

Die Tibeter werden in ihrem eigenen Land immer weiter an den Rand gedrängt

den Chinesen rücksichtslos ausgebeutet. Chinesische Investitionen in die wirtschaftliche Entwicklung und zum Aufbau von Infrastruktur nutzen vor allem dem »Mutterland« China selbst. Zum Beispiel die als technisches Wunder gepriesene Eisenbahnstrecke, die seit Juli 2006 Peking mit Tibets Hauptstadt verbindet. Die höchstgelegene Bahnstrecke der Welt zwischen dem osttibetischen Golmud und Lhasa, die auf Höhen bis über 5000 Meter führt, kostete ungefähr 3,5 Milliarden Euro und wurde angeblich gebaut, um »Wohlstand und Entwicklung« nach Tibet zu bringen.

Tatsächlich aber dient diese Bahnverbindung dazu, die Sinisierung Tibets durch den nun leichter möglichen Zuzug von immer mehr chinesischen Siedlern noch rascher und effektiver voranzutreiben. Auch die Zahl der chinesischen Touristen in Tibet stieg nach Eröffnung der Bahn so drastisch an, dass selbst die gelenkte chinesische Presse auf Gefahren dieser Entwicklung hinwies. Die Eisenbahnstrecke ist auch für rasche Truppen-, Nachschub- und Waffentransporte zu nutzen, die Chinas Militärpräsenz in Tibet noch effektiver macht. Und nur wenige Monate, nachdem die ersten Züge rollten, wurde bekannt, dass die Trasse bewusst durch ein Gebiet geführt wurde, in dem ausgedehnte Vorkommen von Kupfer, Eisen, Blei und Zink entdeckt wurden – kostbare und dringend benötigte Rohstoffe für die chinesische Industrie. Schon vor Planung der Routenführung der Bahn war mit hohem Aufwand gezielt nach Rohstoffen in diesem Gebiet gesucht worden. Die seit Jahrzehnten systematisch betriebene Plünderung der tibetischen Ressourcen wird so deutlich vereinfacht und beschleunigt.

Düstere Prognosen für die Zukunft Tibets gehen davon aus, dass die Kultur des Schneelandes bald nur mehr in wenigen Klöstern als folkloristische Hülle und Touristenattraktion bestehen wird und die Tibeter, ähn-

lich wie die Indianer in Nordamerika oder die Aborigines in Australien, zu einer unbedeutenden, an den Rand gedrängten Minderheit im eigenen Land werden. Jährlich über 3000 Tibeter sehen für sich oder ihre Kinder in der Heimat daher keine Chance mehr und treten die lebensgefährliche Flucht über die Pässe des Himalaya an.

Links: Denkmal »Goldene Yaks« in Lhasa, ein »Geschenk« Chinas zum 30. Jahrestag des Einmarsches. Oben: Abholzungen in Tibet.

HYUNDAI

HITACHI
220LC-5
ZAXIS
200

中华人民共和国万岁
庆祝西藏和平解放五十周年
中央代表团赠
二〇〇一年七月一日

© Gecko Maps, A. Rohweder
TIBET
NEPAL
Solukhumbu
CHINA
INDIEN
MYANMAR
Kashi (Kashgar)
Ruoqiang
Yechenk (Kargilik)
Hotan
Golmud
Xining
Lanzhou
Khumbum
Labrang
Amnye Machen
Amdo
Kham
Sênggê Kabab (Ali / Gar)
Gêrzê
Jekundo
Chengdu
Tsaparang
Kailash
Coqên
Nagqu
Chamdo
Leshan
Manasarovar
Ü-Tsang
Shigatse
LHASA
Ganden
Saga
Lhatse
Samye
Gongkar
Tingri
Gyantse
Kathmandu
Timphu
Jiri
SIKKIM
BHUTAN
Dali
Kunming
Friendship Highway
Gutsuo
Nelung
Phung Chu
Tingri
4390
Chamuta
Gondephug
Sala-Gompa
Naylung
Gya Chu
Ra Chu
Lalung La 5124
Nashing
Lungchang
Japon
Labuji Kang
6683
Choksam
7282
Lamna La
5120
Zemukh
Chödzom
Cho Oyu B.C.
Gyedrak
Doya La
Puse La
5300
Segwang
7308
Rongbuk
5130
Karto
6510
Tashig
Nangpa La
5741
Cho Oyu
8201
Gyachung Kang
7952
Everest B.C.
5200
Kharta Yul
Kharta Chu
Changtse
7580
Langma La
Lundru
6907
Nangpa La B.C.
Melungtse (Jobo Garu)
7181
Pumori
7161
Kala Pattar
5554
Everest B.C.
Mt. Everest / Sagarmatha / Chomolungm
Khumbu
Dzasampa B.C.
Gorak Shep
8850
Everest B.C.
Khumbu Icefall
7879
8516
Lhotse
Gokyo
7146
Rolwaling Himal
Sagarmatha N.P
Na
Taboche
6501
Makalu
8463
Khumbu Himal
Khumbakarna Him
Lamabagar
Gyalche
Beding
Arya
Luza
Dingboche
Makalu B.C.
Na
Trashi Labtsa
5755
Syangboche
Pangboche
Ama Dablam
6828
Shershon
Tama Koshi
Tsho Rolpa
Simigaon
3800
Tengboche
Hunku Pokhari
Langmale
Gongar
Thame
3440
Namche Bazar
Yangle Gompa
Orang
Jorsale
Tramserku
Chilankha
Marbu
Monjo
6608
Chamlang
7318
Numbur
6969
Suri Dhoban
Phakdingma
Pemathang
Ghat
Mumbuk
Barun La
Kongm
Chaunrikharka
6476
Biguti
Dudhkunda
Lukla
Mera
2866
Kauma
Tashi
Patashe Danda
Gumdel
Thubten Chöling
Kharikhola
Poyan
Makalu - Barun N.P.
Jiri
Deurali
Kenja
2100
Sedua
Shivalaya
Bhandar
Sete
Pangkongma
Junbesi
Pangkongma La
Dhoban
Tragsindo La
3071
Surkie La
Those
Choulakharka
Lamjura
Num
Ngowur Gompa
Pike
4065
Phaplu
Chhemsing
Khimti Khola
Betali
Kapte
Salleri
Sotang
Bala
Sanam
Arun Nadi
Rawadolu
Mangtewa
Gupteshwor
Bung
Mathillo Garma (Chyalsa)
Chaubhari
Likhu Khola
Salpa La
Chich
Tolu Gompa
Khimti
Tapting
Chouki Danda
Bhotebas
Ragani
Nele Bazar
Salpa Phedi
Mane Bha

Flucht vom Dach der Welt
Gedanken zur Flucht

»Das Beste, was Sie tun können, ist, so vielen Menschen wie möglich die Wahrheit darüber zu erzählen, was Sie gesehen haben. Auf diese Weise erfahren mehr und mehr Menschen auf der Welt von der Tragödie Tibets.« Seine Heiligkeit, der 14. Dalai Lama

Friedberg, 12. Juli 2005

Meine Entscheidung ist gefallen, das Exposé für meine neueste Reportage »Tibet – Flucht vom Dach der Welt« liegt vor mir auf dem Schreibtisch:

»Olympische Spiele 2008 in Peking. Die Weltmacht China versucht sich von ihrer schillerndsten Seite zu zeigen, vergessen sind Umweltkatastrophen, unmenschliche Arbeitsbedingungen und die systematische Unterdrückung von Minderheiten in ihrem Land. Die neueste chinesische Hochleistungs-Eisenbahnstrecke endet ab Juni 2006 in Tibet, verbindet Peking mit Lhasa in nur 48 Stunden. Vergessen wird, dass jeden Winter über 1000 tibetische Kinder versuchen, über die eiskalten Himalayapässe in die Freiheit zu fliehen. Von ihren Eltern nach Dharamsala in die Nähe des Dalai Lama geschickt, in der Hoffnung auf eine friedfertige Zukunft. Eltern, die ihre Kinder kaum mehr wiedersehen werden, sie aus Liebe loslassen, um ihnen eine Ausbildung und die Erhaltung ihrer tibetischen Traditionen zu ermöglichen ... «

Zwei Jahr später: »Eine Reise von 1000 Meilen beginnt mit dem ersten Schritt« (Laotse). Sicherlich – der Auslöser dieser Reportage war die Vergabe der Olympischen Spiele nach Peking. Schnell hatte sich für mich ein waghalsiger Vergleich aufgedrängt. Versucht nicht auch hier ein Olympia-Land, wie damals 1936, sein inneres Bild nach außen zu manipulieren? Auf sage und schreibe 200 Millionen US-Dollar werden Chinas Umweltschäden pro Jahr beziffert, die Dunkelziffer der Hinrichtungen liegt bei geschätzten 9000 Gefangenen im Jahr, Folterungen in den Gefängnissen und Polizeistationen sind an der Tagesordnung. Vergessen ist das Massaker auf dem Platz des Himmlischen Friedens, als chinesische Panzer 3000 chinesische Studenten überrollten. Kaum wahrgenommen wird die aktuelle Anti-Dalai-Lama-Kampagne, unter Federführung des neuen chinesischen KP-Führers für Tibet, Zhang Qingli, der öffentlich den Dalai Lama einen »verabscheuungswürdigen Separatisten und Vaterlandsverräter« nennt und ihm »einen Kampf bis zum Tod« ankündigt.

Zwei Jahre Recherchen, unzählige Reisen und Kontaktgespräche in Tibet, Nepal und Dharamsala gingen dieser Reportage voraus. Selbst Vater einer sechsjährigen Tochter, war es mir ein inneres Anliegen, die Medienpräsenz im Vorfeld der Olympischen Spiele zu nutzen, um auf das Schicksal tausender tibetischer Kinder aufmerksam zu machen, die jedes Jahr über die Himalaya-Pässe nach Nepal fliehen. Voraussetzung dieser Reportage war aber für mich, keinen der beteiligten Tibeter dabei in Gefahr zu bringen. So nutzte ich all meine persönlichen Kontakte, die ich mir in meiner Tätigkeit als Himalaya-Journalist aufgebaut hatte. Ich entschloss mich, nicht von Tibet aus mit einer Flüchtlingsgruppe den Nangpa La illegal zu überqueren, sondern den Flüchtlingskindern von der nepalischen Seite aus entgegenzulaufen und sie am Nangpa La-Pass auf fast 6000 Meter Höhe zu übernehmen.

Mit großer Demut und einer Vielfalt neuer Erfahrungen blicke ich nun auf diese Reportage zurück. »Glück ist eine Reise, kein Ziel.« (Jean Paul) Nun, das Glück war auf unserer Seite und beschenkte uns mit unzähligen nachdenklichen Seelen-Begegnungen in China, Tibet und Nepal. In diesem Buch sollen die Menschen im Vordergrund stehen, losgelöst von Nationalitäten und Grenzen, und vielleicht gelingt es mir ein wenig, den erlebten Makrokosmos mit Ihrem persönlichen inneren Mikrokosmos zu verbinden, denn: »Es gibt keinen anderen Ort als hier.« (Drukpa Rinpoche)

Links: Nangpa La-Karte mit eingezeichneter Fluchtstrecke.

སྐྱབས་བཅོལ་ལ་འགྲོ།

རི་སྤྱང་དམར་པོ་སྐྱིབས་སོང་།
དུག་སྦྲུལ་ནག་པོ་སྐྱིབས་སོང་།
ཆོས་ལྡན་གངས་རིའི་ལྗོངས་དེ།
སྨུན་ནག་དམྱལ་བ་བཟོ་སོང་།

བདག་གི་དྲིན་ཅན་པ་མ།
གངས་རིའི་ལྗོངས་ལ་བཞག་ནས།
མི་ཡུལ་ལུང་པའི་ནང་ལ།
སྐྱབས་བཅོལ་འགྲོ་དགོས་བྱུང་སོང་།

ཧི་མ་ལ་ཡ་རི་བོ།
འབྲུག་སྒྲོགས་ཁྲིད་ནས་བརྒྱལ་ཡོད
སྐྱབས་མགོན་ཡིད་བཞིན་ནོར་བུ།
མཇལ་རྒྱུ་བྱུང་ན་བསམ་བྱུང་།

བྲག་སྟོན་ཡ་མ་ར་ཚེས་༢༠༠༥་༡་༡༥་ཉིན།

Zuflucht

Der rote Wolf kam in unsere Berge,
die schwarze Giftschlange noch dazu.
Unser Schneeland des Mitgefühls
machten sie zu einer dunklen Hölle.

Meine Eltern, lieb und teuer,
ließ ich im Schneeland zurück.
In ein fremdes Land musste ich gehn
und dort nach Zuflucht suchen.

Die Himalaya-Berge überquerte ich,
gepeinigt von Hunger und Frost.
Unsern Schutzherrn, das Wunsch
erfüllende Juwel
zu sehen, das war mein Ziel.

Traknjön Yamaraza

中华人民共和
岁

པེ་ཅིན

Peking

24. Juli 2006

»Nutze die Dinge, um das Leben zu gewinnen, und nicht das Leben, um die Dinge zu gewinnen.« (Laotse) Herr Li Xiang stammt aus der Provinz Hubei. Die KP-Führung seiner Heimatstadt Wuhan zeichnete den 62-jährigen Hausmeister für »vorbildliche sozialistische Treue« mit einer Reise nach Peking aus.
Sein dunkelblauer Anzug der Arbeiterklasse, einst von Mao verordnet, sitzt tadellos an seinem Körper. Den großen Steuermann im Rücken, gesichert von unzähligen uniformierten und zivilen Sicherheitsbeamten, blickt Herr Li in tadelloser Haltung auf den Platz des

Himmlischen Friedens – vor 17 Jahren von über 3000 toten Studenten in Blut getränkt, deren Forderung nach mehr Freiheit von Panzern überrollt wurde.
»Warum fotografieren Sie diesen Mann!«, fragt mich harsch ein Polizist in meinem Rücken. Ich packe zusammen, steige in ein Taxi und lasse mich in vertrautes Terrain fahren: IKEA Peking! Ein Musterbeispiel globalen Marketings! 100% schwedisches Warenangebot, 100% europäische Preise, 100% Standard-Architektur! Das chinesische Mittelstandherz schlägt Kapriolen. Wen interessiert denn jetzt noch Laotse?!

པེ་ཅིན

Peking

27. Juli 2006

»Wir wollen mehr und mehr und mehr. Das ist, in gewisser Weise, wirkliche Armut – immerzu hungrig und hungrig und hungrig zu sein, ohne ein bisschen Zeit zur Zufriedenheit.« Xiao Fan lächelt mir zu. Seit acht Jahren betreibt sie ihr Atelier in der ehemaligen Waffenschmiede, die einst die Volksbefreiungsarmee unter der Chiffre »798« am Stadtrand von Peking versteckte. Über 500 Künstler haben sich hier die verlassenen Werkshallen zu Galerien ausgebaut. »Unverhüllte Systemkritik ist verboten«, sagt die Künstlerin und blickt auf ein gewaltiges Ölgemälde: Chinas atemloser Übergang vom Kommunismus

zum Kommerz. Die Kaufpreise von Pekings Eigentumswohnungen in trostlosen Wohntürmen liegen über europäischem Niveau, Smog und Verkehrschaos sind ebenso Alltag wie die immer stärkere Kluft zwischen Arm und Reich. Für Olympia 2008 wird Peking radikal saniert. Alte Stadtviertel werden in Rekordzeit »erneuert«, Familien zwangsumgesiedelt. Der Verhaltenskatalog zur Olympiade ist gedruckt: Pekings Fabriken erhalten eine Produktionspause, privater PKW-Verkehr wird unterbunden, und Bettler werden weggesperrt.

པེ་ཅིན

Peking

28. Juli 2006

»Auf der ganzen Welt gibt es nichts Weicheres und Schwächeres als das Wasser. Und doch, in der Art, wie es dem Harten zusetzt, kommt ihm nichts gleich. Es kann durch nichts verändert werden. Dass Schwaches das Starke besiegt und Weiches das Harte besiegt, weiß jedermann auf Erden, aber niemand vermag danach zu handeln.«

Laotses Worte klingen in mir, als ich den Lama-Tempel in Peking betrete. In den Wirren der Kulturrevolution hatte er als Schweinestall »überlebt«, jetzt drängen sich Hunderte von chinesischen Besuchern in seinen Schreinräumen. Niederwerfungen vor Buddhastatuen

und das Anzünden von Räucherwerk gehören hier zum alltäglichen Bild. Mit westlichen Glaubensbekenntnissen im Kopf liegt man hier falsch. Religion ist seit alters her so in das Gefüge von Familie, Gesellschaft und Natur verwoben, dass es bis in die moderne Zeit noch nicht einmal ein eigenes Wort für »Religion« gab. Sie ist so vielfältig wie die Begegnungen im Park, wo Tausende Chinesen ihren morgendlichen Tai-Chi-Übungen nachgehen.

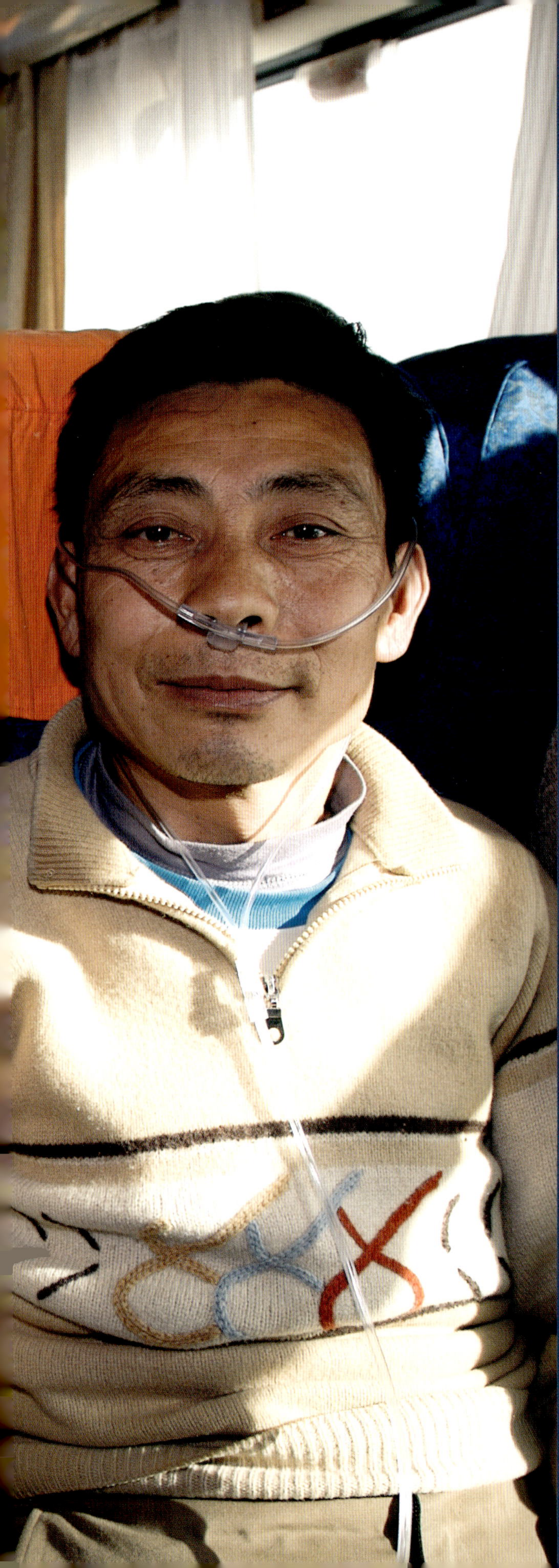

མེ་འཁོར་ནས་ལྷ་ས་ལ་འགྲོ

Zug nach Lhasa

30. Juli 2006, 21 Uhr 50

Pünktlich auf die Minute rollt Chinas modernste Hochleistungsbahn aus dem Pekinger Nordbahnhof. Meinem Bett gegenüber sitzt Wang Kang. Er ist Chinese: feine Gesichtszüge, äußerst höflich, einnehmendes Lächeln und mit einem Laptop neuester Generation. Vor ihm zwei tibetische Lehrbücher, die er mir lächelnd reicht. Als sein Handy klingelt, blinkt Buddha Shakyamuni auf dem Display. Mein Staunen kontert Herr Wang mit einem schelmischen Grinsen, zückt seinen Laptop, dessen Sprachprogramm seine chinesische Frage ins Englische wandelt: »How are

you?« Eine Stunde später weiß ich mehr: Wang ist 36 Jahre alt, Arzt für tibetische Medizin und siehe da, er war 1997 für ein halbes Jahr Schüler des 17. Karmapas im Kloster Tsurpu, was die Bilddatei seines Rechners bezeugt. Die übrigen Mitreisenden verfolgen gespannt Wangs Schilderungen. Ein weiteres Foto des 14. Dalai Lama kommentiert Wang Kang mit einem Grinsen und senkrechtem Zeigefinger auf seinem Mund. Würde ich unter Verfolgungswahn leiden, hielte ich Herrn Wang für Chinas Topspitzel! Oder fehlt meinem Hirn jetzt schon der nötige Sauerstoff?

拉萨站
进站口
Entrance

ལྷ་ས་ལ་འབྱོར་བ

Ankunft in Lhasa

1. August 2006

Sendemasten fliegen an den Fenstern vorbei, die Handy-Empfang auf der gesamten Strecke garantieren! 1350 Fahrgäste fiebern ihrem Ziel entgegen: dem 4040 Kilometer entfernten Lhasa, Hauptstadt der »autonomen Region Tibet«. Fahrzeit: 47 Stunden. Erst vor zwei Monaten wurde die höchstgelegene Eisenbahnstrecke der Welt offiziell eröffnet, die Golmud nun mit Lhasa verbindet. 3,5 Milliarden Euro hat sich Peking das Prestigeobjekt kosten lassen. Permafrostgebiete und tibetische Pässe über 5000 Meter Höhe mussten überwunden werden: »Ein Meisterwerk chinesischer Ingenieure«, lesen wir in einer Broschüre der

Staatsbahn. In unserem 2.-Klasse-6-Betten-Abteil kennt nach fast 40 Stunden Fahrt mittlerweile jeder jeden, und auch die buddhistischen Songs meines MP3-Sticks kursieren dank Herrn Wang (ich halte ihn noch immer nicht für einen Undercover-Agenten!) und Bluetooth schon bis zum Waggonende auf den Handys chinesischer Mitreisender. Pünktlich auf die Minute fahren wir in Lhasas Propagandabahnhof ein. Dutzende von chinesischen Reisegruppen taumeln aus dem Zug, betrübt, dass man dünne Luft nicht fotografieren kann.

ལྷ་ས

Lhasa

2. August 2006

Lhasa erlebt Jahr für Jahr eine dramatische Veränderung. Die von Peking aus geplante Sinisierung schreitet unaufhaltsam voran. In Lhasa, wie auch im restlichen Tibet, sind die Tibeter schon zur Minderheit abgestempelt. Chinesische Merkmale in Lhasa: Kaufhäuser, Kleinhändler, Taxifahrer, Autohäuser, Computer-Spielhöllen, Bordelle, massive Militärpräsenz. Kaum einer der chinesischen Ansiedler verspürt einen Grund, tibetisch zu lernen. Mit der neuen Zuganbindung ans »Mutterland« und täglich 12 Flugzeug-Landungen überfluten in den Sommermonaten pro Tag ca. 9000

überwiegend chinesische Touristen die Hauptstadt. Chinesischen Tourismus in einen Topf mit chinesischer Einwanderungspolitik zu werfen, wäre sicherlich zu oberflächlich betrachtet. Weltweit tritt Tourismus in ähnlichen Mustern auf, und wer von uns kann also behaupten, nicht in eines der Raster zu passen? So sehe ich auch einige chinesische Touristen, die bemerkenswertes Interesse an der tibetischen Kultur haben, Begegnungen in sich aufsaugen und im Herzen mit nach Hause nehmen ... und sie merken, dass Materialismus nicht die wahren Wünsche im Leben befriedigt.

敬告各位信徒及游客，
为保持佛塔整洁，请勿将哈
达、照片、石头等任何物品
置于塔上，谢谢配合

Lhasa – Der Eisenberg Chakpori

3. August 2006

Lhasa kennenlernen heißt, sich unter die Tibeter zu mischen. Eine wunderbare Möglichkeit ist der Lingkhor: die große Khora um Lhasa. Zum Sonnenaufgang umrunden Tausende tibetische Frauen und Männer, Kinder und Jugendliche, Nonnen und Mönche in einem weiten Kreis den Potala. Früher führte der Weg durch Grasland und Gerstenfelder, jetzt quält er sich entlang den neuen, weit angelegten und viel befahrenen Asphaltadern chinesischer Bauingenieure. Wer mit dem Herzen sieht, wird auf der Khora viele kleine Geheimnisse entdecken können. Der Chakpori ist eines davon. Als einer der vier heiligsten Berge

Tibets ragt er als eher kleine Erhebung gegenüber dem Potala empor. Einst thronte hier die bekannte Medizin-Universität. 1959, zu Beginn des tibetischen Volksaufstandes, wurde sie vom chinesischen Militär zerschossen und gesprengt. Zu seiner gänzlichen Entweihung installierte die chinesische Besatzungsmacht einen Antennenmast auf die offene Wunde des Berges, ein Polizeibunker und Überwachungskameras folgten. Die Tibeter haben sich nun einen neuen Chakpori erbaut, bestehend aus Millionen von aufgeschichteten Manisteinen.

ལྷ་ས་གྲོང་ཁྱེར་སྤྱི་བདེ་ཅུས།
拉萨市公安局
གཙང་ཏོག་མངགས་གཏོང་ཁང་།
章多派出所
POLICE STATION
6142076

དགའ་ལྡན

Ganden

4. August 2006

»Sie haben überall ihre Spitzel. Du musst sehr aufpassen, mit wem du sprichst«, warnte mich Rinzen. Er war es, der mich im August 2003 an der Ostseite des Kailash auf die knallroten Vermessungskoordinaten aufmerksam machte, die tags zuvor von chinesischen Ingenieuren mit Lackfarbe auf Steine gemalt worden waren. Durch seine Hilfe und seinen Mut sowie weltweite Unterstützung von Tibet-Hilfsgruppen konnten wir den Straßenbau am Kailash durch internationale Kampagnen letztendlich stoppen. Rinzens Vater wurde bei seiner dritten Inhaftierung in einem chinesischen Gefängnis zu Tode gefoltert. Rinzen und ich hatten

keine Geheimnisse, ihm konnte ich bedingungslos vertrauen. Ganden gehört zu den großen Gelbmützen-Klöstern in der Nähe von Lhasa. Einst lebten hier über 7000 Mönche. Während der Kulturrevolution wurde Ganden endgültig zerbombt. Seit 1984 leben hier wieder 300 Mönche. Immer wieder waren sie es, die sich an spontanen Demonstrationen in Lhasa beteiligten und Widerstand leisteten. Kein Wunder, dass ich hier, versteckt in einem kleinen Schreinraum, ein Bild des Dalai Lama finde.

yes!

གཞིས་ཀ་རྩེ

Shigatse

6. August 2006

Das Wahrzeichen Shigatses, der Dzong, wirkte dreihundert Jahre lang wie die Miniaturausgabe des Potala. Schon aus der Ferne war er für Reisende sichtbar. Als Kloster und Burg in einem Bauwerk vereint, ragte er von einer Felsklippe weit über die Altstadt der zweitgrößten Stadt von Zentral-Tibet. In chinesischen Reiseführen kann man heute nachlesen, dass die englische Invasion Anfang des 20. Jahrhunderts den Dzong zerstörte. Tatsächlich fand er aber 1959 sein Ende durch die chinesische Artillerie. Nun wird er durch die KP-Tibet wieder aufgebaut. Das Planziel: Shigatse soll, neben Lhasa, einen festen Platz als Touristen-

attraktion einnehmen. Chinesische Umsiedler werden mit Sonderrechten ausgestattet, großflächig werden Gewerbe- und Wohnflächen angelegt. In Shigatse steht aber auch das berühmte Kloster Tashi Lhunpo, der Sitz des Panchen Lama. Genau vor zwölf Jahren begann hier die Tragödie des damals sechsjährigen Chökyi Nyima. Als Reinkarnation des verstorbenen 10. Panchen Lama durch den Dalai Lama offiziell anerkannt, reagierte die KP-Tibet mit der Verschleppung des Knaben, der bis heute spurlos verschwunden ist.

རོང་ཕུ་དགོན

Kloster Rongbuk

8. August 2006

Ankunft im Kloster Rongbuk auf 5140 Meter Höhe. Nawang ist ein Hüne von Lama. Eingehakt schleppt er mich in die vertraute Klosterküche. Die Nonne Tashi Dolma serviert Buttertee, fragt nach der versprochenen Stirntaschenlampe – Wiedersehen mit bekannten Gesichtern. Rongbuk war bekannt für die Einsiedeleien und Klausen Hunderter Mönche und Nonnen.
Auch hier, unterhalb des Everest North Face, stoppte der Zerstörungswahn der Kulturrevolution nicht.
Die Wunden sind immer noch deutlich zu sehen. Nun teilen sich Nonnen und Mönche einen dürftig restaurierten Gebetsraum, um ihre Pujas abzuhalten.

Niemand ahnt den wahren Grund meines Aufenthaltes in Rongbuk. Hier will ich Nyima Phuntsog treffen, der mir vor fünf Monaten in Namche Bazar vermittelt wurde. Ihm vertrauen die Eltern ihre Kinder an, damit er sie in die Freiheit bringt.
Um meine Seriosität zu prüfen, hatte er ein geheimes Treffen in Tibet gefordert. Vor dem Eingang der Padmasambhava-Höhle, oberhalb vom Kloster, beschließen wir mit Handschlag ein Wiedersehen am Nangpa La für den kommenden Winter, wenn Nyima wieder Kinder über den Pass führt.

ཀ་ཐ་མན་ཌུ

Kathmandu

24. November 2006

»Was du auch verlierst, du findest es immer wieder, doch in einer anderen Form. Übe dich in Geduld, und die Dinge werden zu dir kommen.« (Drukpa Rinpoche) Ankunft in Kathmandu. Meine tibetischen Freunde Tashi und Dolma chauffieren mich vom Flughafen direkt nach Bodnath, zur großen Stupa im Tal von Kathmandu. Sie lassen all ihre Beziehungen spielen, organisieren ein Treffen mit Trulshik Rinpoche. Vor drei Monaten erhielt ich zwei Telefonanrufe in meinem Büro. Am 20. August rief eine Wahrsagerin an und berichtete aufgeregt, dass sie eine Eingebung gehabt

hätte, die sie mir unbedingt mitteilen müsste. »Sie werden demnächst im Eis bleiben und nicht mehr zurückkehren!«, war ihre Botschaft. Niemand wusste zu diesem Zeitpunkt von meinem Vorhaben am Nangpa La-Pass. Zwei Tage später meldete sich Nyima aus Tibet: »Sei bereit! Wir überqueren am Morgen des 6. Dezember den Nangpa La-Pass!« »Du musst Rinpoche um Rat fragen!«, rieten mir Dolma und Tashi eindringlich. Abends in Swayambhunath saß ich bei Sonnenuntergang vor den Riesenstatuen von Chenrezig, Amitabha und Padmasambhava und lauschte in meine Seele.

འཁྲུལ་ཞིག་རིན་པོ་ཆེ

Trulshik Rinpoche

25. November 2006

»Wir haben es immer wieder erlebt: Der gegenwärtige Moment ist ein wunderbarer Moment. Weniger intellektuelle und willensmäßige Fixierung, das Loslassen, der Verzicht auf das Habenwollen – das stärkt unser Sein, jeden Moment.«

Thich Nhat Hanhs Worte klingen in mir, als ich zu Trulshik Rinpoche geführt werde. Rinpoche ist einer der gelehrtesten und respektiertesten Meister der tibetisch-buddhistischen Tradition. Er war einer der Lehrer des 14. Dalai Lama und ist ohne Zweifel einer der wichtigsten Lamas unserer Zeit. Was ist, wenn er mir abrät zu gehen? Trifft dann westliches

Festhalten auf östliches Loslassen? Bin ich bereit, zwei Jahre Recherche und das Treffen mit Nyima und den Kindern fallen zu lassen? Sein Sekretär fragt mich nach meinem Geburtsjahr, dem Tag und der Stunde. Rinpoche hörte sich alles in Ruhe an, schreibt Anweisungen auf zwei kleine Zettel, legt seine Hand auf meinen Kopf. »Mache dir keine Sorgen, hole die Kinder vom Pass ab. Lasse 100 Tiere frei und rezitiere auf dem Weg 10 000 Tara-Mantras!« Noch in der Nacht erlangen vier Eimer Fische vom Markt die Freiheit.

ནང་པ་ལའི་ལམ་ཁ

Weg zum Nangpa La

26. November 2006

Am nächsten Morgen, nach der Begegnung mit Rinpoche, sitzen wir in einer kleinen Twinotter und fliegen ins Everest-Gebiet. Nach 35 Minuten turbulentem Flug setzt unser nepalischer Pilot gelassen die Maschine auf die kleine Landebahn in Lukla, die gerade so lang zu sein scheint, wie nötig. Wir, das sind meine Assistentin Sigrid Noll, mein langjähriger Guide Shiva Shrestha sowie der Sherpa Tenzing und mein Träger Ram. Als eingespieltes Team weiß jeder um seine Aufgaben und kann unser Vorhaben gut einschätzen: den Winteraufstieg zum fast 6000 Meter hohen Nangpa La-Pass. Acht Tage später bewegen wir uns

schon auf 5320 Meter Höhe und schlagen unser Base Camp auf. Am Nachmittag rastet eine fünfköpfige Gruppe von Nonnen zwischen unseren Zelten. Wir reichen ihnen heißen Tee, sie machen einen ausgezehrten Eindruck. »Seit neun Jahren leben wir im Kloster Thubten Chöling in Nepal. Einmal im Jahr riskieren wir den Weg über den Nangpa La, gehen heimlich zurück nach Tibet und besuchen für kurze Zeit unsere Familien«, flüstert die Nonne Dawa. Ich sehe, wie schlecht sie ausgerüstet sind!

Nangpa La – Base Camp

5. Dezember 2006

»Lass ruhen in großem, natürlichem Frieden diesen erschöpften Geist, hilflos geschlagen von Karma und neurotischen Gedanken wie von der unbarmherzigen Gewalt der wütenden Wogen im unendlichen Ozean von Samsara. Lass ruhen in großem, natürlichem Frieden.« Ich höre nachts immer und immer wieder dieses Lied meines Lehrers Sogyal Rinpoche. Ein extra Akklimatisationstag liegt hinter uns. Habe seit fünf Tagen extremen Husten mit Verdacht auf Lungenentzündung und das erste Mal in meinem Leben Atemprobleme. Verschiebe den Aufbruch ins Hochlager auf die Mittagszeit, weiß keinen Rat. Gedanken an die

Wahrsagerin gehen mir durch den Kopf. Wir beraten uns, ich entscheide mich zum Aufbruch. Shiva und Tenzing begleiten mich. Nur 200 Höhenmeter und ca. acht Kilometer Luftlinie trennen uns vom letzten Hochlager vor dem Pass, dazwischen liegt eine fast unüberwindbare Moränenlandschaft aus Eis und verdeckten Spalten. Zweimal kommen uns hartgesottene Khampa-Tibeter mit ihren beladenen Yaks entgegen: kleiner Grenzverkehr! Nach sieben Stunden Marsch erreichen wir die eisige Lagerfläche auf 5560 Meter und schlagen erschöpft unsere Zelte auf.

ནང་པ་ལའི་ལམ་ཁ

Treffen auf dem Nangpa La-Pass

6. Dezember 2006, 9 Uhr 50

»Stopft euren Geist nicht mit unnützen Gedanken voll. Wozu sollte es gut sein, über die Vergangenheit nachzugrübeln und die Zukunft vorwegzunehmen? Bleibt in der Einfachheit des gegenwärtigen Augenblicks.« (Dilgo Khyentse Rinpoche)

Der Morgen ist eiskalt: minus 22 Grad! Mein Husten ist konstant, habe die Nacht kaum geschlafen. Teekochen, anziehen, trinken, Kameras kontrollieren, dann raus in die Kälte. Shiva und ich steigen um 7 Uhr auf,

Tenzing bleibt im Hochlager zurück. Der Wind schneidet ins Gesicht, verstärkt die Minusgrade um ein Vielfaches. Der Himmel ist wolkenlos, ein Geschenk der Götter! Viele Flüchtlinge und tibetische Händler haben bei Wetterstürzen hier ihr Leben verloren. Im Winter ist der Pass unkontrolliert, die chinesischen Grenzsoldaten ziehen sich wegen der Kälte ins Tiefland zurück. Eisrinnen folgen Schneepassagen und Spalten, unser Herz pumpt, die Lunge pfeift. Um 9 Uhr 50 erreichen wir den Pass, sehen drei Punkte unterhalb auf tibetischer Seite. »Nyima!«, rufe ich. Die große Person hebt die Hand und winkt, zwei Kinder begleiten ihn.

NingBo

ནོར་བུ་དང་ལྷག་པ

Norbu und Lhakpa

6. Dezember 2006, 10 Uhr 30

»Tashi Delek!« Nyima und ich fallen uns in die Arme. Neben ihm stehen zwei tibetische Kinder, atmen tief, betrachten uns mit kritischer Miene. Es sind der zehnjährige Norbu und der 14-jährige Lhakpa. Ich öffne meine Thermoskanne, reiche den gefüllten Becher dem kleinen Norbu zu. Langsam greift die kleine Hand, seine Augen lassen mich nicht aus dem Blick. Augen der Hoffnung und Erleichterung, Augen, in denen so viele Fragen und Ängste liegen. Nyima mahnt zum Aufbruch. Vor drei Monaten fielen unterhalb des Grenzsteines die tödlichen Schüsse auf die 17-jährige Nonne Kelsang Namtso. Sie wurde beim Überschreiten

des Nangpa La-Passes kaltblütig von Grenzsoldaten der Volksbefreiungsarmee in den Rücken geschossen. Sie war kein klassischer Flüchtling, sondern wollte nur einmal im Leben den Dalai Lama sehen. Norbu ist das vierte Kind der Nomadin Aama Tsering. Die Mutter konnte Norbu kaum noch ernähren. Sie vertraute Nyima ihren Jungen an, der ihr versprach, Norbu in ein Kinderdorf im Exil zu schicken. Lhakpa ist Vollwaise. Er hat nie eine Schule besucht, arbeitete auf einem Hof als Ziegenhirte, fühlte sich unglücklich und einsam.

Im Eislabyrinth

6. Dezember 2006, 14 Uhr 30

»Und vergiss nicht: Dein Geist ist ein Labyrinth. Folge ihm Gedanke für Gedanke, Vorstellung für Vorstellung, Traum für Traum. Nichts bleibt, wie es ist. Glück und Unglück, Wirkliches und Unwirkliches sind nichts als das Vergehen der Zeit. Was aber ist Zeit?«
(Wolfgang Wenger)

Der Abstieg durch das Eislabyrinth fordert höchste Konzentration. Wir erreichen eine der Schlüsselstellen: eine 20 Meter lange Eisrinne, die sich unter der Mittagsonne in eine steile Klamm verwandelt. Nyima steigt vor, sucht ein Weiterkommen, ich folge mit Shiva und den Kindern. »Achtung!« Nyimas Schrei

schreckt mich auf. »Hinter euch! Oben! Es kommen Yaks!« Ich drehe mich um, sehe über mir drei beladene Yaks, die panisch versuchen, einen festen Tritt im Einstieg der Rinne zu finden. Ich greife Norbus und Lhakpas Hand, wir balancieren, stolpern, rutschen, schlagen gegen Steine, erreichen das Ende der Rinne in letzter Sekunde. Hinter uns rutscht ein Yak unkontrolliert die Eisrinne herunter, blutverschmiert und mit verlorener Last schlägt er am Ende gegen einen Felsen. Nach vier Stunden erreichen wir erschöpft das Hochlager.

ནམ་མཁའི་འོད་སྣང

Herzberg und Schutzengel

6. Dezember 2006, 15 Uhr

Tenzing erwartet uns im Hochlager mit warmem Tee. Wir erzählen von den vielen toten Yaks, die wir beim Aufstieg gesehen haben und die den Strapazen der Nangpa La-Überquerung zum Opfer gefallen waren. »Sie haben uns oft das Leben gerettet«, Nyimas Worte werden durch das Getöse einer entfernten Lawine unterbrochen, »nach starkem Schneefall findet kein Mensch den Weg durch das Eislabyrinth, aber die Yaks riechen die alte, verschneite Spur noch unter einem Meter Schneedecke. Ihrer Spur zu folgen war oft unsere Rettung!« »Sie werden im Eis bleiben!«, die Worte der Wahrsagerin hängen in meinem Kopf. Wir brechen

auf, wollen das Base Camp heute Abend noch erreichen. Die letzten Sonnenstrahlen modellieren ein Herz auf die Berggipfel, eine Engelswolke schwebt für Sekunden über uns. Gelassen steigen wir der Nacht entgegen. »Lerne, den Augenblick zu ergreifen! Schleiche dich nicht davon, fliehe nicht in die Wahngebilde der Vergangenheit oder der Zukunft. Sammle deinen Geist, dort, wo du bist, mit einem für den Augenblick geschärften Bewusstsein. Dort ist es, wo wir sind. Es gibt keinen anderen Ort als hier.«
(Drukpa Rinpoche)

Weg nach Namche

8. Dezember 2006

»Om Ah Hum Benza Guru Pema Siddhi Hum«, murmelnd blickt Lhakpa zu mir, der Bhote-Koshi-Fluss rauscht unter uns, die Hochalm Marlung (4210 Meter) zeichnet sich in den Horizont, »es hat mir immer in gefahrvollen Momenten geholfen!« Auch mir ist dieses Mantra sehr vertraut. Es ist das Mantra Padmasambhavas, das Mantra aller Buddhas, Meister und verwirklichten Wesen, und es ist außerordentlich kraftvoll und wirksam im Hinblick auf Frieden, Heilung, Transformation und als Schutz in diesem von Gewalt geprägten, chaotischen Zeitalter. Norbu ist erschöpft vom Laufen, Tränen kullern über seine Wangen.

Was ist unser Leben anderes als ein Tanz flüchtiger Formen? Verändert sich nicht alles andauernd? Erscheint uns nicht alles, was wir in der Vergangenheit getan haben, heute wie ein Traum? Die Freunde, mit denen wir aufgewachsen sind, die Lieblingsplätze der Kindheit, die Ansichten und Meinungen, die wir einst mit so verbissener Leidenschaft vertreten haben: All das haben wir hinter uns gelassen. Jetzt, eben dieser Moment erscheint uns lebendig und real. Aber auch dieser Moment ist bald nur mehr Erinnerung.

Weg nach Namche

9. Dezember 2006

Die arktische Landschaft des Hochlagers liegt seit drei Tagen hinter uns. Mit jeden hundert Höhenmetern Abstieg lassen wir Kälte und Kargheit zurück. Verlassene Hochalmen, einsame Yakweiden, Riesenmanisteine, wilde Gletscherbäche, Sandflächen, Sumpfwiesen: Die Landschaft zaubert sich in einen Rausch. Am Abend erreichen wir das Kloster Thame auf 3820 Meter Höhe. Momentan leben hier 35 Mönche. Das Nyingmapa-Kloster ist 350 Jahre alt. Damals, so steht es geschrieben, gab es drei Brüder aus dem Rolwaling-Tal, die drei Gompas erbauten: Pangboche, Rimijung und Thame. Das Kloster Thame wurde mit Hilfe von

»Himalayan Trust« und Sir Edmund Hillary 1996 neu aufgebaut und im Jahr 2000 von Trulshik Rinpoche eingeweiht. Thame, Rongbuk und Thubten Chöling bilden somit eine direkte Verbindung und Achse zwischen Tibet und Nepal. Aber die Mönche von Thame sind auch bekannt als perfekte Maskentänzer, was sie jedes Jahr Ende Mai beim Mani Riumdu-Festival auf ihrem Klosterhof unter Beweis stellen. Wir werden herzlich aufgenommen, genießen in der Klosterküche gekochte Kartoffeln mit Salz und Buttertee.

ནམ་བྱེའི་ཁྲོམ

Namche Bazar

10. Dezember 2006

Ankunft am Abend in Namche Bazar (3440 Meter), der größten Handelssiedlung im Sherpa-Land. Hier, im Schutz von guten Freunden, wollen wir uns zwei Tage ausruhen. Norbu hat so viele Fragen zu Dharamsala, zu seiner Zukunft: Wo er wohl leben wird? Welche Freunde auf ihn warten? Meine Antwort stammt von einem Zen-Meister: »Auf den Gipfeln der Berge wirst du so viel Glück finden, wie du mitbringst.« Norbu hört mit großen Augen zu, ein paar Tränen rollen über seine Wangen, er kuschelt sich eng an und flüstert: »Meine Mutter war immer so lieb zu mir.« »Und genau

das ist dein Schatz in deinem Herzen und du wirst ihn weitergeben, mach dir keine Sorgen«, antworte ich unserem kleinen Helden, greife in meinem Rucksack nach der »Spezial-Notnahrung«: dehydrierte Mousse au Chocolat! Gemeinsam rühren wir den Tröstnachtisch an, und ungläubig denke ich an den Weisen Longchenpa: »Da alles nichts ist als Erscheinung, vollkommen, wie es ist, ohne Kategorien wie Gut oder Schlecht, Annehmen oder Ablehnen, könnte man in schallendes Gelächter ausbrechen!« – Aber das gilt doch nicht für Mousse au Chocolat, oder doch???

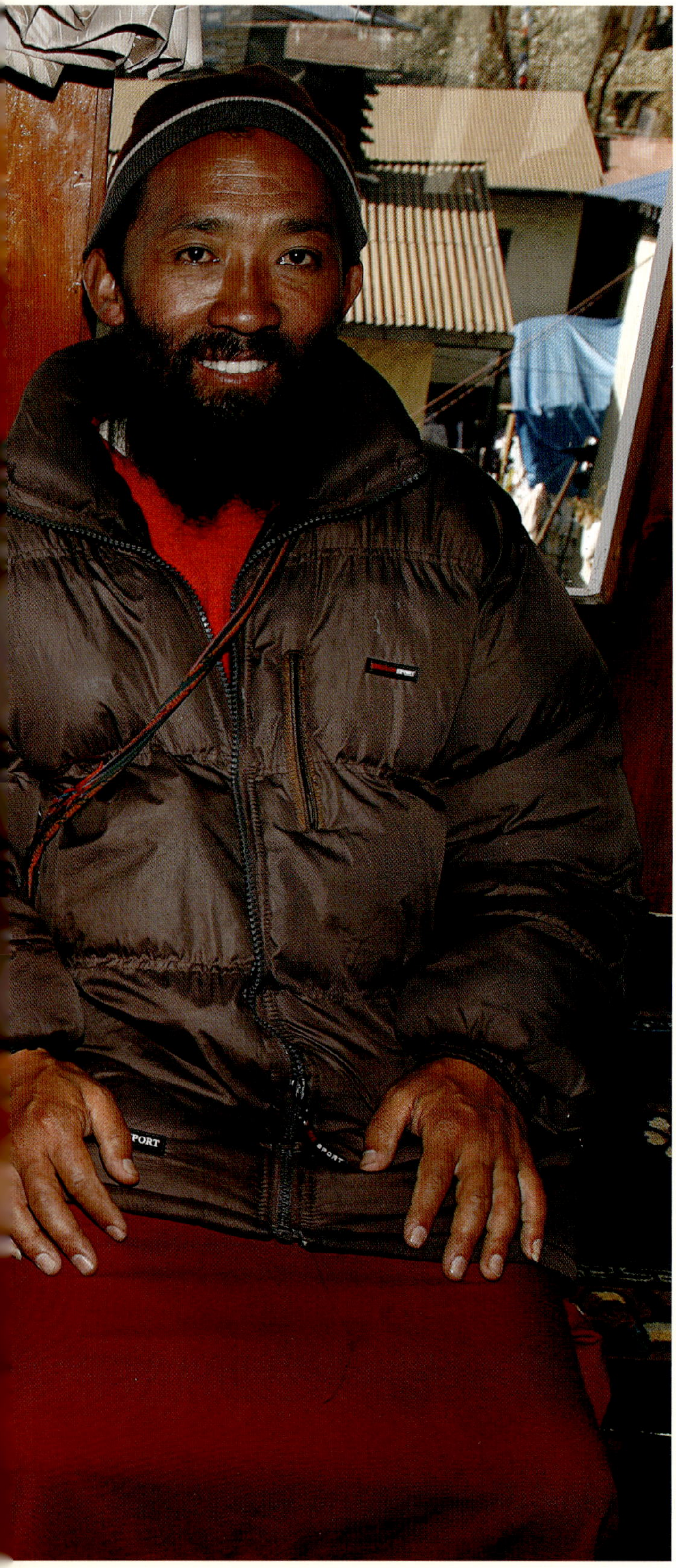

Der Mönch Nawang

11. Dezember 2006, 12 Uhr mittags

Ich sitze im »dining-room« unserer Lodge, schreibe Tagebuch, Lhakpa stöbert neben mir in abgegriffenen englischen Magazinen, Norbu ist mit Shiva auf dem Markt. Vertieft in meine Gedanken, gleitet die Zeit an mir vorbei. Als ich wieder aufblicke, sehe ich zwei Mönche, die wohl in den letzten Minuten den Raum betreten haben. Der eine ist jung, so um die zwanzig, der andere Mönch hat einen Bart und sehr dunkle Haut. Bevor ich weiterschreibe, fällt mein Blick auf Lhakpa und ich stocke. Ich sehe, dass er weint. Verwirrt blicke ich zurück zu den Mönchen und bemerke, dass auch der Jüngere tief ergriffen scheint. Ich frage

Lhakpa, was ihn bedrückt. »Dies ist mein Bruder Nawang!« Eine halbe Stunde später bin ich eingeweiht: Vor exakt zehn Jahren starben Lhakpas und Nawangs Eltern an einer Krankheit. Die Kinder wurden getrennt und von Verwandten aufgenommen.
Drei Jahre später entschloss sich Nawang zur Flucht über den Nangpa La-Pass und wurde Mönch im Kloster Thubten Chöling! Per »stiller Post« erfuhr er von der Ankunft seines Bruders. Wie klein uns doch manchmal die Welt erscheint!

ཐུབ་བསྟན་ཆོས་གླིང་གི་ལམ།

Weg nach Thubten Chöling

13. Dezember 2006

Nawang blieb noch die ganze Nacht bei uns. »In meiner Trauer um meine Eltern fragte ich einen Mönch um Rat«, erklärte er mir, und der alte Lama Thubten erwiderte ihm: »Es gibt kein Leben ohne Schmerz, aber du hast es in der Hand, am Schmerz zu leiden oder zu reifen!« Ich spürte den Wunsch, Mönch zu werden, und da in unserem Heimatkloster keine weiteren Lamas zugelassen wurden, entschloss ich mich zur Flucht.« Seine zarte Stimme, seine Haltung und Demut beeindruckten mich tief. Draußen setzte heftiger Schneesturm ein, wir hatten fast vergessen, dass es

Winter war. Zum ersten Mal Schneetreiben – und gerade im richtigen Moment, denn unser Weg führte heute an einer strategisch kritischen Stelle vorbei: der Polizeistation am Everest-Nationalparkeingang. Hier werden immer wieder tibetische Flüchtlinge aufgegriffen und zurückgeschickt. Mein Blick fällt auf Nawang – seine Antwort: »Ich begleite Euch nach Thubten Chöling!« Und er zitiert aus dem Dhammapada: »Aber bedenke, nicht die Eltern, nicht die Freunde können dich so treu bewahren wie dein eigner Geist, der richtig die Erkenntnisbahn gefahren.«

ཐུབ་བསྟན་ཆོས་གླིང་གི་ལམ

Weg nach Thubten Chöling

15. Dezember 2006

Das Passieren der Polizeistation war leichter als gedacht. Dichter Schneefall und die aufkommende Kälte ließen das Wachpersonal sich hinter den warmen Ofen verziehen. Die Türen waren verschlossen, der Kamin rauchte, als wir an dem Wachhäuschen vorbeischlichen. Drei Tage waren wir schon von Namche entfernt, folgten dem alten Handelsweg nach Jiri. Wir querten Täler und Pässe, stiegen ab zu den Wasseradern Nepals, die von kühnen Hängebrücken überspannt werden. Vorbei an Manimauern und Chörten, die wir ehrfürchtig auf ihrer linken Seite umwanderten. Buddhas Geburtsland Nepal wirkte intensiv auf all

unsere Sinne, Gebetsfahnen gaben ihre Mantras dem Äther frei, schickten ihre Wünsche und Botschaften um die Erde. Nawangs Anwesenheit wirkte sehr beruhigend auf uns alle, sein Lächeln war voller Güte, sein Handeln bedacht, tief ruhten die Lehren Buddhas in seiner Seele: »Die, die Lehren verwirklicht haben und durch nichts aus der Fassung gebracht werden, die sind überall, wo sie auch hingehen, im Frieden, und das ist für sie das höchste Glück.« (Sutta-Nipata)

ཐུབ་བསྟན་ཆོས་གླིང་གི་ལམ

Weg nach Thubten Chöling

16. Dezember 2006

Am Morgen überquerten wir den Taksindu-Pass (3071 Meter) und erreichten um die Mittagzeit die Alm Phurteg mit ihrer einmaligen Sicht auf die Himalaya-Kette. Für Nawang ist der Weg zum Kloster Thubten Chöling eine vertraute Reise und er weiß, dass wir morgen unser Ziel erreichen werden. Norbu und Lhakpa werden dann unter dem Schutz des Klosters stehen. »Wohin wird der Weg meines Bruders führen?«, wird sich Nawang gefragt haben, als er in seinen Rucksack griff. Für Norbu hatte er einen Anstecker mit dem Portrait des 14. Dalai Lama dabei, denn Norbus Zukunft sollte in Dharamsala liegen. Für seinen Bruder

hatte sich Nawang nicht nur ein besonderes Geschenk ausgedacht, sondern es verband sich damit auch ein sehr persönlicher Gedanke. Nawang nahm Lhakpa zur Seite und drückte ihm sanft eine Mala in die Hand. »Nimm dir täglich die Zeit, ruhig dazusitzen und den Dingen zu lauschen. Achte auf die Melodie deines Lebens, die in dir schwingt. Glaube an die Kraft eines freizügigen Herzens. Und gib anderen Wesen von dem, was du hast. Denke daran, dein Brot mit den Hungrigen zu teilen.«

ཐུབ་བསྟན་ཆོས་གླིང་གི་ལམ

Weg nach Thubten Chöling

17. Dezember 2006

Eine Stunde von Junbesi entfernt, nördlich in den Bergen gelegen, thront das Kloster Thubten Chöling an einem sonnigen Hang. Unzählige kleine Klausen umranken das Heimatkloster von Trulshik Rinpoche, finden mühsam im steilen Hang ihren Halt. Hunderte tibetische Nonnen und Mönche haben hier Zuflucht gefunden. Durch das Haupttor betreten wir eine Insel des Friedens und der Hoffnung. Frieden und Hoffnung? Im Lhakang wird gerade eine Puja abgehalten, Mönche und Nonnen rezitieren in einem gemeinsamen Gebet das Herz-Sutra. Ghanta, die Glocke, und Dorje, der Donnerkeil, werden in den Händen der Mönche rhyth-

misch zum Text gedreht und überkreuzt: Symbol für die Polaritätenvereinigung des Mahayana-Buddhismus, des weiblichen und männlichen Prinzips; Weisheit und Methode. Ich denke an meinen tibetischen Lehrer Sogyal Rinpoche, dessen Worte immer wieder betonen, frei zu sein von Hoffnung. Frieden ist in uns, kontemplativ und meditativ – Hoffnung dagegen erweckt Wünsche und ist verbunden mit Schmerz. Norbu hält meine Hand, unsere Augen treffen sich: »Frei von Hoffnung, wir sind am Ziel!«

ཐུབ་བསྟན་ཆོས་གླིང་དགོན་པ

Thubten Chöling

18. Dezember 2006

»Alles Leiden kommt von der Unfähigkeit des Menschens, still zu sitzen und allein zu sein.« Die Worte Anthony de Mellos spiegeln sich im Jokhang von Thubten Chöling wider. Wie schwer es uns im Westen doch fällt, still zu sitzen und mit uns selbst in Kontakt zu kommen. Wir sind oft immer nur außen, immer in Bewegung, selten bei uns selbst. Von Sogyal Rinpoche stammte einst der provozierende Satz: »Arbeit ist die Faulheit des Westens!« Wir stürzen uns in so viel Arbeit, Aktivitäten und Ablenkung, dass wir nie wirklich mit uns in Berührung kommen. Hier im Kloster erleben wir ein hohes Maß an Konzentration, Präsenz

und Frieden. Lhakpa sitzt still neben mir. Seine rechte Hand ruht in seiner linken Handfläche, seine Augen sind geschlossen, seine Sinne wach. »Die Lehre des Buddha ist, dass ich mein eigener Meister bin und alles von mir selbst abhängt«, so treffend hatte es der 14. Dalai Lama formuliert. Für Norbu ist Thubten Chöling eher eine aufregende Durchgangsstation, in Lhakpas Augen aber lese ich eine tiefe Zufriedenheit. »Wir sind, was wir denken.« (Buddha)

ཐུབ་བསྟན་ཆོས་གླིང་དགོན་པ

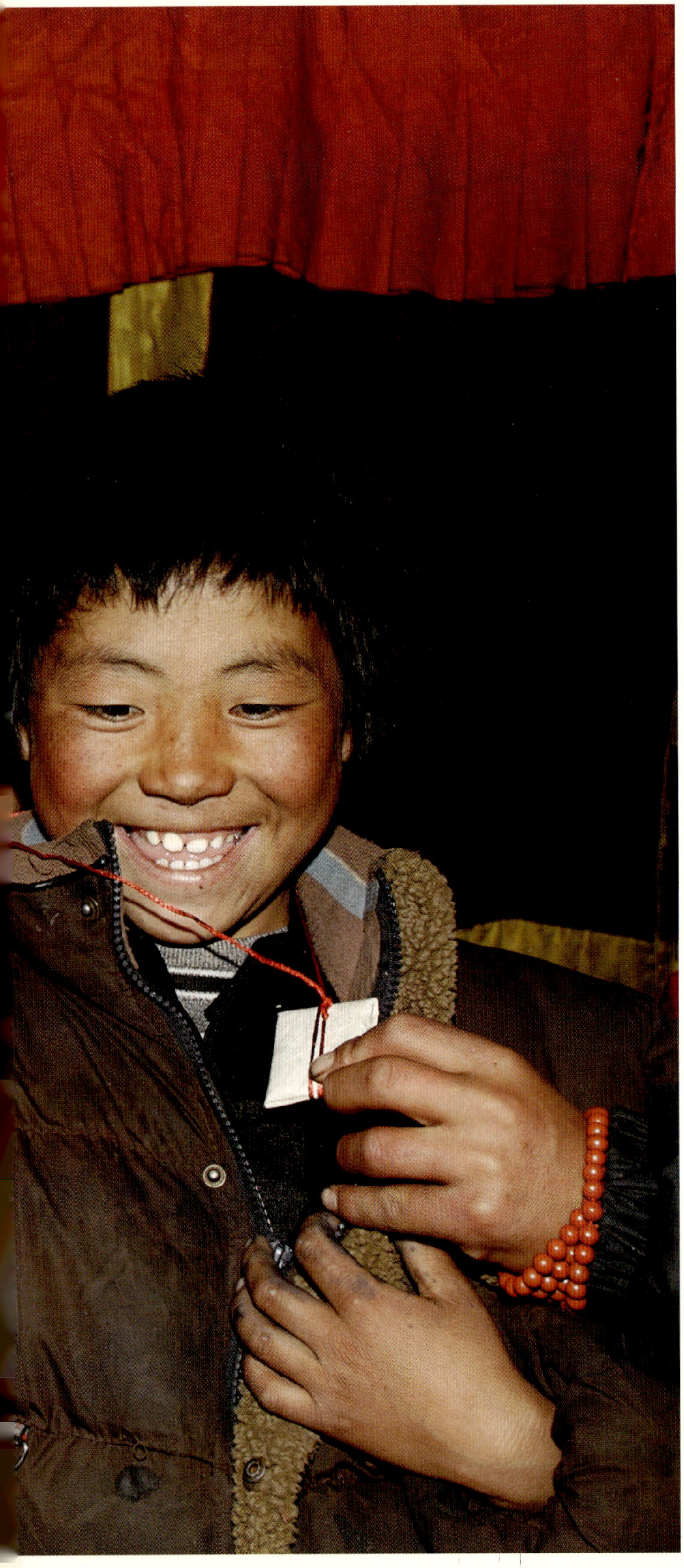

Thubten Chöling

19. Dezember 2006

In zwei Tagen startet unsere Twinotter von der kleinen Schotterpiste in Phaplu. Unser Abschied wird vom Kloster vorbereitet. Die Äbtissin Tsering Dolma hat für den kleinen Norbu ein Rhunga vorbereitet. An einer roten Schnur hängend wird der Glücksbringer, der, mit Mandalas und Mantras beschrieben, vor Unglück bewahren soll, Norbu um den Hals gelegt. »Deine Mutter kann stolz auf dich sein! Schreibe uns, wenn du in Dharamsala angekommen bist, wir schicken den Brief weiter an deine Aamala nach Tibet!« Liebevoll rezitiert Tsering Dolma ein Schutzmantra, streicht Norbu zärtlich über die Wange und steckt ihm noch ein

paar Süßigkeiten zu. Im Nebenraum verabschiedet sich Nawang von seinem Bruder. Lhakpa hat sich entschlossen, im Kloster zu bleiben und wie sein Bruder Mönch zu werden.

»Mögen alle fühlenden Wesen Glück erfahren und die Ursache von Glück. Mögen sie frei sein von Leiden und von der Ursache des Leidens. Mögen sie niemals getrennt sein vom höchsten Glück: frei von Leiden. Mögen sie verweilen in grenzenloser Gelassenheit ohne Anhaften und Ablehnung.«

ནོར་བུ་དང་ལྷག་པའི་མ་འོང་པ

Zukunft von Norbu und Lhakpa

7. Juni 2007

Sechs Monate später sitze ich in dem vertrauten Bauernhaus in Namche Bazar. Hier, in der rauchigen kleinen Küche eines alten Sherpa, traf ich vor über zwei Jahren auf Nyima, den tibetischen Fluchthelfer. Und wieder hat unsere Verabredung auf den Tag genau funktioniert. Aus meinem Rucksack ziehe ich Norbus Brief heraus, den er mir in Dharamsala überreicht hatte. »Tse wa'i Aamala,« steht mit kindlicher Schrift auf dem Umschlag, »An meine liebe Mutter«. Norbu war nach seiner Ankunft in Kathmandu vom UN-Reception-Center nach Dharamsala geschickt worden. Hier lebt er nun seit vier Monaten in einem SOS-

Kinderdorf, geht zur Schule und träumt davon, Arzt zu werden. »Dann gehe ich nach Tibet zurück, lebe bei meiner Aamala und helfe den Menschen«, waren seine Worte, als er mir den Brief übergab. Lhakpa blieb in Nepal, lebt als Novize in einem Kloster in der Nähe von Bodnath im Tal von Kathmandu.

»Wir begegnen uns, wir verlieren uns – unser Dasein unterliegt unserem Karma«, Nyima klopft mir zum Abschied auf die Schulter, »Glück ist kein Ort – sondern ein Weg!«

Nachwort

Von Demut bewegt blicke ich auf unsere Fluchtgeschichte zurück. Viele wunderbare Begegnungen und ergreifende Ereignisse sind damit verbunden. Hätte ich all das nicht persönlich erlebt, ich würde es für übertrieben und klischeehaft halten. Eben deswegen ist ein Nachwort zu diesem Buch über tibetische Flüchtlinge angebracht. Wie berichtet, folgte Lhakpa dem Weg seines Bruders ins Kloster. Norbu hingegen äußerte den Wunsch, Arzt zu werden, um später den Menschen in Tibet zu helfen. Damit könnte man die Geschichte einfach auf sich beruhen lassen.

Doch in den vergangenen zehn Jahren wurden in Tibet und in der tibetischen Exilwelt Fakten geschaffen, die viele Tibetromantiker im Westen nur ungern zur Kenntnis nehmen. Immer öfter steht bei jungen Tibetern, die aus ihrem Heimatland fliehen, der Wunschtraum von einem materiell wohlhabenden Leben im Westen im Vordergrund. Doch im Exil prägen oft Arbeitslosigkeit, Resignation und Drogenabhängigkeit das Leben der jungen Flüchtlingsgeneration, da innere und äußere Zukunftsperspektiven fehlen. Viele im Ausland geborene Tibeter beherrschen kaum noch ihre Muttersprache, verlieren zunehmend den Bezug zu Heimatland und Religion. Kaum ein junger Exiltibeter hegt die Absicht, nach seiner Ausbildung nach Tibet zurückzukehren. Der Dalai Lama aber mahnt seine Landsleute, sich aus ihrer Opferrolle zu befreien und selbst die Verantwortung für ihr Wohlergehen zu übernehmen. Nur so ließe sich in Tibet und im Exil etwas bewegen. Auch sollten tibetische Kinder bei ihren Familien in Tibet aufwachsen und nicht auf den gefährlichen Weg ins Exil geschickt werden. Aus diesem Grund fließt ein Teil der Erlöse aus diesem Buch ganz bewusst nicht in Hilfsprojekte für die Tibeter im indischen Exil, sondern wird tibetischen Schulprojekten und Waisenhäusern in Tibet selbst, vor allem in Ost- und Zentraltibet, zugutekommen.

Dieter Glogowski

CHINA'S RECORD IN TIBET
MORE THAN A MILLION KILLED! MORE THAN 6,000 MONASTERIES DESTROYED! THOUSANDS IN PRISON! HUNDREDS STILL MISSING!
CHINA, GET OUT OF TIBET
www.friendsoftibet.org
CHINA'S RECORD IN TIBET
MORE THAN A MILLION KILLED! MORE THAN 6,000 MONASTERIES DESTROYED! THOUSANDS IN PRISON! HUNDREDS STILL MISSING!
CHINA, GET OUT OF TIBET
www.friendsoftibet.org
CHINA'S RECORD IN TIBET
MORE THAN A MILLION KILLED! MORE THAN 6,000 MONASTERIES DESTROYED! THOUSANDS IN PRISON! HUNDREDS STILL MISSING!
CHINA, GET OUT OF TIBET
www.friendsoftibet.org
CHINA'S RECORD IN TIBET
MORE THAN A MILLION KILLED! MORE THAN 6,000 MONASTERIES DESTROYED! THOUSANDS IN PRISON! HUNDREDS STILL MISSING!
CHINA, GET OUT OF TIBET
www.friendsoftibet.org
CHINA'S RECORD IN TIBET
CHINA'S RECORD IN TIBET
MORE THAN A MILLION KILLED!

西藏自治区电信公司
XZ-YT-04

中国电信
CHINA TELECOM

隐形舰
Yehua
03
隐形舰

监督电话: 6815441
02
Yehua

大樓
皮具系列）
SANTA BARBARA
POLO&RACQUET CLUB
SINCE 1910. U.S.A
圣大保罗
拉百二楼男装区
拉工商户广登字［2006(354)号］

拉薩百貨
SANTA BARBARA
POLO&RACQUET CLUB©
圣大保罗

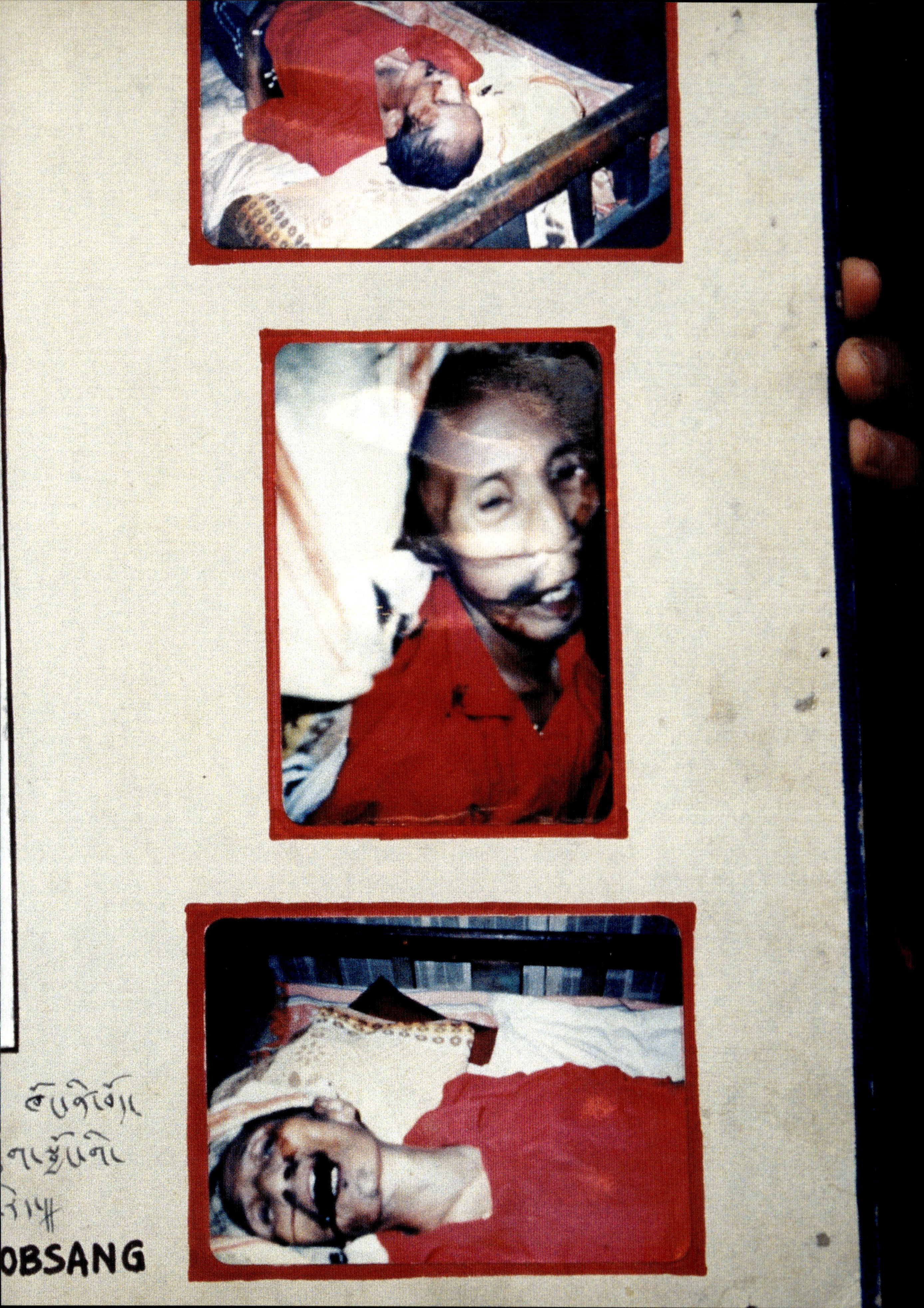
OBSANG

A Prominent Tibetan martyr

TANTRIC UNIVERSITY
PEACE ON EARTH

西藏大学
Mrs. Dickyi - a Tibetan injured by Chinese police
10th Dec. 1988 (Human Rights Day)
Protest in Lhasa Demanding Human rights & Independence.
(30th Dec. 1988)
Mr. Dawa being arrested by Chinese Police.
Chinese police shooting

Nach wie vor werden in den tibetischen Städten systematisch die alten, traditionellen Häuser abgerissen und durch chinesische Neubauten ersetzt. Der größte Teil der historischen Altstadt in Lhasa, darunter auch religiöse Gebäude, fiel den Abrissbaggern zum Opfer.
92/93

Um ihre Eltern zu unterstützen, gehen Sönam und Yeshe in Lhasas Straßen Schuhe putzen. Sie sind froh, etwas Geld verdienen zu können. Die Eltern sehen in einer Schulausbildung ihrer Kinder keinen Sinn. Sie sind angewiesen auf das Geld, das die beiden jeden Tag nach Hause bringen.
94/95

Immer wieder finden von der chinesischen Regierung organisierte, pro-chinesische Aufmärsche statt. Die Teilnahme von ausgewählten Tibetern wird, so wie hier im Sommer 2006 in Gyantse, von der Partei verordnet und überwacht.
96/97

Traknjön Yamaraza, der Autor des Gedichtes, wurde 1970 als Sohn einer Nomadenfamilie in Kham geboren. Er besuchte eine chinesisch geführte Schule und flüchtete 1987, um studieren zu können. Seine Sehnsucht nach der Familie und dem Heimatland verarbeitet er in Gedichten. (Ama Dablam, Nepal)
100/101

Täglich betet Bhumo für die Gesundheit ihres älteren Bruders, der vor einem Jahr nach Indien geflohen ist. Ihre Familie lebt in der Zuversicht, dass er nach seiner Ausbildung in Dharamsala eines Tages nach Tibet zurückkehrt. Die Hoffnung auf ein Wiedersehen will Bhumo niemals aufgeben.
162/163

Danksagung

Ich danke für ihre wunderbare Unterstützung der Arbeit an diesem Buch: Sigrid Noll (Assistenz), Albrecht Haag und Anh Nguyen (Grafik), Annette Jungmichel und Jörn Schwab (Korrektur), Lama Yeshe (Kalligrafie), Arne Rohweder (Kartografie), Franz Binder und meinen Helfern im Himalaya.

Dieter Glogowski gehört zu den etabliertesten Multimedia-Referenten im deutschsprachigen Raum. Er arbeitet als freier TV- und Fotojournalist mit dem Schwerpunktthema der Himalaya-Region.
Weitere Informationen zu seinen Projekten und aktuellem Tourneeplan unter: www.dieter-glogowski.de

Franz Binder lebt und arbeitet als freier Schriftsteller, Fotograf und Grafiker in München.

Bildnachweis Alle Bilder in diesem Buch sind von Dieter Glogowski, außer
Sigrid Noll: Seite 24/25, 111, 121, 125, 133, 143, 168
Andreas Wipper: Seite 85
Tibetische Pressestelle in Dharamsala: Seite 64, 67, 69, 70, 71, 79, 81, 86

Impressum

Produktmanagement: Susanne Caesar
Gestaltung: Albrecht Haag, Anh Nguyen
Repro: Repro Ludwig, Zell am See
Umschlaggestaltung: Albrecht Haag
unter Verwendung eines Fotos von Dieter Glogowski
Kartografie: Arne Rohweder, Hinteregg, Schweiz
Herstellung: Bettina Schippel
Printed in Italy by Printer Trento

Alle Angaben dieses Werkes wurden von den Autoren sorgfältig recherchiert und auf den aktuellen Stand gebracht sowie vom Verlag geprüft. Für die Richtigkeit der Angaben kann jedoch keine Haftung übernommen werden. Für Hinweise und Anregungen sind wir jederzeit dankbar. Bitte richten Sie diese an:
Bucher Verlag
Postfach 80 02 40
81602 München
E-Mail: lektorat@bucher-verlag.de

Die Deutsche Bibliothek – CIP-Einheitsaufnahme
Ein Titelsatz für diese Publikation ist bei der Deutschen Nationalbibliothek erhältlich.

ISBN 978-3-7658-1670-3

Einen herzlichen Dank an mein Team in Nepal: Ram Gurung, Shiva Shrestha, Sigrid Noll und Tenzing Sherpa.

Flüchtlinge auf dem Dach der Welt

Das Flüchtlingsdrama Tibets begann 1959, als der Dalai Lama ins indische Exil floh. Seither ist der Strom von Menschen, die ihre Heimat auf dem Dach der Welt verlassen, nicht mehr abgerissen. Bis heute fliehen jährlich mehr als 3000 Tibeter unter hohem Risiko für Leib und Leben. Knapp die Hälfte von ihnen sind Mönche und Nonnen, fast ein Drittel Kinder und Jugendliche, die übrigen meist Bauern und Nomaden. Der größte Teil stammt aus den osttibetischen Gebieten Amdo und Kham.

Fast alle tibetischen Flüchtlinge bewegen sich auf den traditionellen Routen über den Himalaya, auf denen über Jahrhunderte Pilger, Händler und Nomaden zogen, denn dies sind die einzigen Schlupflöcher durch die ansonsten unpassierbaren Fels- und Gletscherwelten des höchsten Gebirges der Erde. Die meisten Flüchtlinge nutzen die Route über den fast 5800 Meter hohen Pass Nangpa La, die vom südtibetischen Tingri ins nepalische Khumbugebiet, die Heimat der Sherpas, führt. Andere versuchen ihr Glück auf der einzigen Fahrstraße zwischen Tibet und Nepal, die beim chinesischen Grenzort Zhangmu über die sogenannte »Brücke der Freundschaft« auf die nepalische Seite führt. Und wieder andere erreichen Nepal im Westen des Landes, entweder entlang des Karnali-Flusses oder über das alte Königreich Mustang. Und sicher gibt es auch einzelne, die auf verborgenen Pfaden direkt nach Indien, Sikkim oder Bhutan entkommen. Nepal jedoch ist für fast alle Flüchtlinge aus Tibet erste Anlaufstation.

Ihr Weg in die Freiheit birgt mannigfaltige Gefahren. Da sind zum einen die Extreme von Landschaft und Witterung. Die lange Wanderung über Berge und Pässe ist auch für Tibeter sehr beschwerlich. Erschöpfung, Nahrungs- und Wassermangel und auch die Höhenkrankheit setzen den Flüchtlingen zu. Die meisten versuchen die Flucht im Winter, da die chinesischen Grenzwachen ihre Patrouillengänge in der kalten Jahreszeit angeblich weniger intensiv durchführen. Doch sind gerade diese Monate in solchen Höhen von äußerster Härte. Temperaturen von minus vierzig Grad und mehr sind die Regel, die Routen tief verschneit oder von blankem Eis bedeckt; schneidender Wind und Schneestürme verschärfen die Lage zusätzlich. Da sich die Flüchtlinge bei der Anreise zu den Ausgangspunkten ihrer Wanderung möglichst unauffällig verhalten müssen, führen sie nur wenige Nahrungsmittel, Kleidung oder andere Ausrüstung mit

sich, was später auf dem Fußmarsch über den Himalaya, der bei schlechten Bedingungen oft mehrere Wochen dauert, zu extremen Notsituationen führt. Unterkühlung, Erfrierungen, Schneeblindheit, Auszehrung sind die häufigsten Folgen. Viele Flüchtlinge mussten den Weg in die Freiheit mit abgefrorenen und später amputierten Gliedmaßen bezahlen. Andere haben ihr Ziel gar nicht erreicht, sind in Verstecken erfroren, in Gletscherspalten gestürzt, wurden von widrigen Umständen zur Umkehr gezwungen – oder sind den chinesischen Grenzsoldaten in die Hände gefallen.

Links: Protestplakate im indischen Exil in Dharamsala. Oben: Auf seiner Flucht erfroren Dawa Sangye fast alle Finger.

Das »heimliche Überqueren der nationalen Grenze« wird gemäß chinesischem Gesetz mit langjährigen Gefängnisstrafen geahndet. In den letzten Jahren hat China die Bewachung der abgelegenen Flüchtlingsrouten und der Zugänge zu den Grenzgebieten deutlich verschärft. Wie erbarmungslos die Grenzwachen durchgreifen, zeigt die kaltblütige Erschießung der 17-jährigen Nonne Kelsang Namtso und mindestens

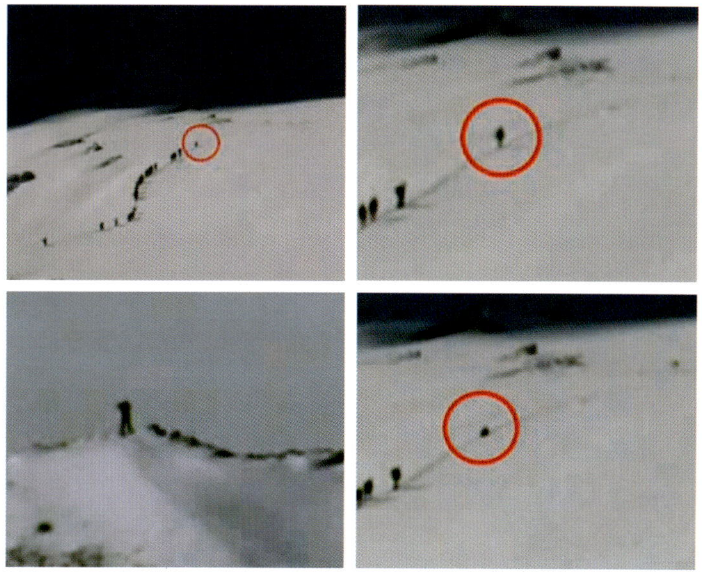

eines weiteren Tibeters in der Nähe des Nangpa La im Oktober 2006. Dieser Zwischenfall wurde zufällig von europäischen Bergsteigern gefilmt und fand weltweite Beachtung. Zahllose ähnlich grausame Schicksale am Nangpa La oder auf anderen Fluchtrouten vollziehen sich jedoch seit Jahrzehnten in der Stille und Abgeschiedenheit der einsamen Bergwelt, ohne dass jemand davon Notiz nimmt. Die Intensivierung der chinesischen Grenzüberwachung hat dazu geführt, dass viele Flüchtlinge entweder gefährliche Umwege abseits der Normalrouten suchen oder tagsüber in eisigen Verstecken ausharren und sich nur im Schutz der Dunkelheit fortbewegen. Das aller-

Links: Ein Familienfoto und die Erinnerung an seine Heimat ist alles, was Sonam Dorje nach der Flucht bleibt.
Oben: Die tödlichen Schüsse am Nangpa La-Pass im Herbst 2006. Im roten Kreis ein Opfer beim Aufstieg und nach dem Schuss am Boden. Links unten der Schütze.

dings steigert das Risiko von Unfällen, Erfrierungen und anderen Problemen dramatisch. Um diese Vielzahl an Gefahren zu minimieren, schließen sich Flüchtlinge oft zu Gruppen zusammen, die von wegkundigen und mit den Umständen der Flucht vertrauten Führern geleitet werden. Zwischen 80 und 350 Dollar pro Person werden für diese gefährliche Dienstleistung bezahlt. Für Tibeter aus ländlichen Gegenden ist

das meist ihr ganzer Jahresverdienst. Doch ist die Flucht mit Hilfe eines Führers tatsächlich erfolgversprechender als ein Versuch auf eigene Faust.

Haben die Flüchtlinge die Grenze überschritten, sind sie längst nicht in Sicherheit. Für viele Jahre bestand zwischen den nepalischen Behörden und dem Flüchtlingshochkommissariat der Vereinten Nationen ein stillschweigendes Übereinkommen, tibetischen Flüchtlingen die unbehelligte Durchreise nach Indien zu gewähren: Die Tibeter gelangen in die nepalische Hauptstadt Kathmandu, wo sie in dem oft überfüllten UN-Reception-Center, dem Empfangszentrum für tibetische Flüchtlinge, provisorische Aufnahme und

Links: UN-Reception-Center in Kathmandu: Nach dem Tod ihres Vaters konnte die Mutter nicht mehr für Sherap sorgen und schickte sie über den Nangpa La-Pass ins Exil. Oben: Die Brüder Jigme und Nyima träumen von einem sorgenfreien Leben im Westen.

erste Versorgung finden, bevor sie nach Indien, ihrem eigentlichen Ziel, weitergeschickt werden. Bleiberecht in Nepal haben nur Tibeter, die vor 1989 dort angekommen sind, sowie deren Kinder. Ein Büro für tibetische Flüchtlingsfürsorge und eine Vertretung des Dalai Lama pflegte Empfang, Erstversorgung und Weiterführung der tibetischen Flüchtlinge zu koordinieren. Auf Druck Chinas, das immer unverhohlener auf Nepal Einfluss zu nehmen versucht, wurden 2005 aber diese beiden Einrichtungen von den nepalischen Behörden geschlossen. Das Empfangszentrum, in dem die Flüchtlinge provisorisch unterkommen, blieb aber geöffnet. Schon in den Jahren davor hatten nepalische Polizisten und Soldaten begonnen, tibetische Flüchtlinge nach Überquerung der Grenze festzunehmen und an die chinesischen Behörden auszuliefern. Nicht selten erhielten sie dafür von den Chinesen sogar Kopfgeldprämien. Auch kam es immer wieder vor, dass Flüchtlinge von nepalischen Soldaten misshandelt, schikaniert oder beraubt wurden oder in nepalischen Gefängnissen landeten.

Warum nun nehmen jährlich Tausende von Tibetern diese Mühen und Risiken auf sich, um ihre Heimat zu verlassen? Mönche und Nonnen fliehen, weil sie die Unterdrückung der Religionsfreiheit und Repressalien gegen die Klöster nicht mehr ertragen. Auch junge Tibeter, die auf Grund der strikten Beschränkungen des religiösen Lebens in Tibet nicht in ein Kloster aufgenommen werden können, sind unter den Flüchtlingen. Andere Tibeter sehen in ihrer von einem zunehmenden Strom chinesischer Zuwanderer überfluteten Heimat keine Chance mehr für sich. Viele mussten wegen chinesischer Entwicklungsprojekte oder Urbanisierung bestimmter Gebiete ihr Land verlassen oder fanden als verarmte Zuwanderer aus Nord- oder Osttibet im chinesisch dominierten Wirtschaftsleben, das selbst für einfache Positionen die Beherrschung der chinesi-

Links: Tsewang Tashi war 25 Jahre lang als politischer Gefangener inhaftiert. Nach Jahrzehnten der Folter wurde er entlassen, doch einen Tag, bevor er heimkehrte, erschossen chinesische Soldaten seine Frau und seine Kinder. Im Exil fand er als Mönch seinen Frieden.

SA
TIB

schen Umgangssprache Mandarin sowie besondere Registrierungspapiere voraussetzt, kein Auskommen mehr. Sicher werden viele Flüchtlinge auch gelockt von den wirtschaftlichen Aussichten im Exil und hoffen, von Indien nach Europa oder Amerika weiterreisen zu können. Schon haben auch in Deutschland tibetische Flüchtlinge Asyl beantragt. Unter den Flüchtlingen finden sich auch Tibeter, die Haftstrafen wegen politischer Betätigung verbüßten und in Tibet kaum Möglichkeiten haben, wieder Fuß zu fassen. Schon das Bekenntnis zum Dalai Lama oder die Forderung von Freiheit für Tibet genügt, um zu langen Gefängnisstrafen verurteilt zu werden. Eltern schicken ihre Kinder in die Fremde, weil sie ihnen die traditionelle tibetische Ausbildung zukommen lassen möchten, die in der Heimat nicht mehr möglich ist. Denn auch das Bildungssystem in Tibet ist chinesisch geprägt. Tibetische Kinder, die nur ihre Muttersprache beherrschen, sind von allen weiterführenden Schulen ausgeschlossen. Aber auch wenn die Kinder Mandarin sprechen, sind ihre im chinesisch dominierten Wirtschaftsleben an den Rand gedrängten Eltern oft nicht in der Lage, die Schulgebühren aufzubringen oder verfügen nicht über die nötigen »Haushaltsregistrierungs-Papiere«, die ihnen die Möglichkeit einer besser bezahlten Anstellung und eines Schulplatzes für ihre Kinder einräumen. Noch immer sind knapp über die Hälfte der Tibeter in Tibet Analphabeten – die Zahl dieser Analphabeten hat in den letzten Jahren sogar zugenommen. Für tibetische Eltern hat das »Wegschicken« ihrer Kinder allerdings Tradition. Im alten Tibet sandte so gut wie jede Familie mindestens einen Sohn ins Kloster, und nicht selten mussten die leibeigenen Untergebenen ihren Feudalherren Kinder als Bedienstete überlassen.

Eine ganze Reihe von Tibetern aber möchte die Heimat gar nicht für immer verlassen, sondern nimmt die verbotene Reise über den Himalaya nur auf sich, um

Links: Im tibetischen Camp in Delhi darf man den Wunsch nach der Befreiung Tibets gefahrlos äußern. In Tibet wird bereits der einfache Ruf »Free Tibet« streng bestraft. Es ist bekannt, dass in den Gefängnissen besonders Nonnen äußerst brutal gefoltert werden.

ZERTRÜMMERTE GLAUBENSBURG

einmal im Leben eine Audienz beim Dalai Lama zu erhalten, eine Pilgerreise zu den heiligen Stätten des Buddhismus zu unternehmen oder an einer religiösen Veranstaltung wie der Kalachakra-Initiation teilzunehmen. Diese »Flüchtlinge« kehren anschließend auf den gleichen gefährlichen Wegen über die Hochgebirgspässe nach Tibet zurück. Auch viele Kinder treten nach ihrer Ausbildung im Exil die Rückreise zu ihrer Familie an. Und nicht selten treibt die Sehnsucht nach lange vermissten Freunden und Verwandten Exiltibeter, die nicht im Besitz von entsprechenden Pässen und Visa sind und auch nicht über die Mittel verfügen, sich diese auf dem »Graumarkt« zu beschaffen, zu verbotenen Besuchen in die alte Heimat. Der illegale Grenzverkehr zwischen China und Nepal bewegt sich also nach beiden Seiten.

Für China ist das Flüchtlingsproblem ein schwerer Gesichtsverlust gegenüber der Weltöffentlichkeit, beweist es doch, dass die Tibeter durchaus nicht mit dem »sozialistischen Paradies« einverstanden sind, das mit Waffengewalt in Tibet errichtet wurde. Daher wird von China darauf verwiesen, dass gemäß chinesischem Recht alle Staatsbürger, also auch Tibeter, Reisefreiheit genießen und legal ins Ausland reisen dürfen. In der Praxis jedoch wird, vor allem in Tibet, die Vergabe von Reisedokumenten sehr restriktiv gehandhabt. Tibetische Geschäftsleute und gut situierte Laien haben kaum Probleme, Pässe zu erhalten, Mönche und Nonnen oder gar Kinder und Jugendliche hingegen haben so gut wie keine Chance. Zudem sind in der korrupten Bürokratie Reisepapiere meist nur gegen Bestechungsgelder zu bekommen – die dafür nötigen 200 bis 300 Euro sind für die allermeisten Tibeter aber unerschwinglich oder lohnen sich nur für Händler, die im »kleinen Grenzverkehr« zwischen Tibet und Nepal pendeln. Zudem wird auch bei Tibetern, die legal mit chinesischen Pässen unterwegs sind, die

Links: Im Kloster Ganden lebten einst etwa 7500 Mönche. In der Kulturrevolution total zerstört, durfte bis 1981 das Gelände von niemandem betreten werden. Der ehemalige Ganden-Mönch Bagdro wurde am 5. März 1988 nach einer Demonstration in Lhasa verhaftet und fast zu Tode gefoltert.

heimliche Weiterreise von Nepal nach Indien nicht gerne gesehen. Nicht selten bekommen Tibeter, die einen indischen Visastempel im Pass tragen, Schwierigkeiten bei der Wiedereinreise. Daher bleibt auch jenen, die Indien bloß einen kurzen Besuch abstatten wollen, zum Beispiel, um den Dalai Lama zu sehen oder eine Pilgerfahrt zu unternehmen, nur die gefährliche illegale Grenzüberschreitung.

Sind die tibetischen Flüchtlinge nach allen Schwierigkeiten und Strapazen in Indien angekommen, führt ihr erster Weg nach Dharamsala, zur Residenz des Dalai Lama, der traditionell allen Flüchtlingen Audienz gewährt. Danach teilen sich die Ankömmlinge auf die verschiedenen Einrichtungen im Exil auf. Manche ziehen in die tibetischen Siedlungen in Südindien; Mönche und Nonnen kommen in den Klöstern ihrer Orden unter, was diese nicht selten vor beträchtliche Probleme stellt, da für die zahlreichen mittellosen Neuankömmlinge Unterkunft und Versorgung sichergestellt werden müssen. Kinder und Jugendliche finden in den tibetischen Kinderdörfern Aufnahme, wo für ihre Erziehung und Ausbildung gesorgt wird. Die tieferen Hintergründe des Flüchtlingsdramas auf dem Dach der Welt sind jedoch nur im Zusammenhang mit der Geschichte Tibets und den jahrhundertelangen Beziehungen zwischen Tibet und China zu verstehen. Diesem Thema ist ein eigenes Kapitel in diesem Buches gewidmet.

Links: Weil ihr Ehemann ein angesehener Regierungsbeamter in Lhasa war, musste Aamala 1959 ins nepalische Mustang fliehen. Hier verbrachte sie vier Jahre unter extremsten Bedingungen in einem Flüchtlingscamp. Heute lebt sie im tibetischen Stadtviertel in Pokhara.

Chinesisches Freizeitverständnis: Auf dem künstlich angelegten Teich unterhalb des Potala vergnügen sich Erwachsene und Kinder mit Elektrobooten, auf denen Maschinengewehr-Imitate befestigt sind. Wie im Videospiel ertönen die entsprechenden Geräusche, wenn man den Abzug betätigt.
22/23

Die China-Telecom verwendet den Potala als Werbeträger für ihre Handy-Simcards. Die Verpackungen werden von den Tibetern jedoch nicht in den Müll geworfen. Abgelegt an heiligen Schreinen, erhalten sie eine neue Symbolik.
24/25

Der Platz vor dem Jokhang-Tempel in Lhasa war und ist immer noch Startpunkt von Demonstrationen gegen die chinesische Besatzungsmacht, die blutig niedergeschlagen werden. Hier findet man nicht nur uniformierte Polizei, sondern auch zivile Spitzel, die jede auffällige Bewegung überwachen.
40/41

Eine Fotoausstellung im indischen Dharamsala informiert über die brutalen Foltermethoden in chinesischen Gefängnissen. Viele der hierher geflüchteten Mönche wurden selbst Opfer der Folter, nachdem sie für die Freiheit ihres Landes demonstriert hatten und verhaftet wurden.
42/43

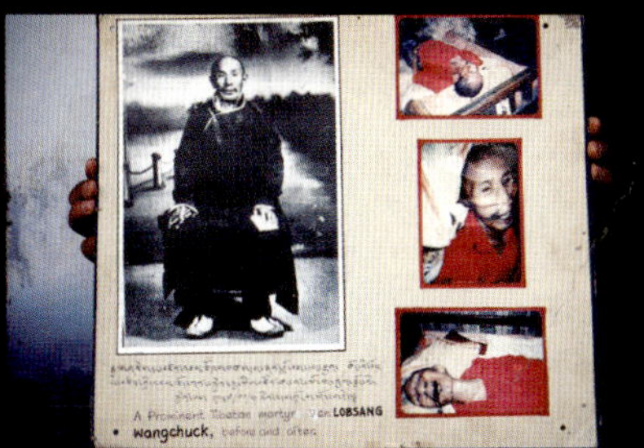

Immer wieder wurde der Freiheitskämpfer Lobsang Wangchuk systematisch gefoltert. Man hängte ihn an seinen hinter dem Rücken gekreuzten Armen auf. Ihm wurde ein Elektroschlagstock in den Mund gestoßen und ausgelöst, bis er eines qualvollen Todes starb.
44/45

Mönche im Kloster Ganden: Die Gebetszeremonien in den Klöstern sind geprägt von vielfältigen Masken, Kostümen und Ritualgegenständen, die an die Leerheit aller Erscheinungen erinnern sollen.
52/53

Zum Sonnenaufgang verbrennt die Nonne Kelsang Metog ihre Wacholder-Opfergaben gegenüber dem Potala.
54/55

Immer wieder werden im Zuge der ehrgeizigen Stauseeprojekte Chinas ganze Täler und Landstriche überflutet, Dörfer umgesiedelt und intakte Natur zerstört. Im Jahr 1997 konnte man diese Klosterruine im Westen Tibets noch zu Fuß erreichen, sechs Jahre später ist jeder Zugang unmöglich.
72/73

Die Shide-Gompa (»Friedenskloster«) liegt mitten in Lhasa und stammt aus dem 9. Jahrhundert. Während der Kulturrevolution wurde sie geschleift und brannte fast völlig aus. Bis heute sind die Einschusslöcher chinesischer MG-Salven an den letzten verbliebenen Mauerresten zu sehen.
74/75

»Sie können unsere Körper brechen, aber nicht unseren Geist.« (Aussage eines tibetischen Folteropfers)
Opferbeigaben im Inneren eines Chörten (Reliquienschrein) im nordindischen Himalaya.
76/77